COLEÇÃO
POCKET BOOK
THEREZA NAHAS
COORDENADORA

COLEÇÃO
POCKET BOOK
THEREZA NAHAS
COORDENADORA

CLAUDIO IANNOTTI DA ROCHA

COMPETÊNCIA TRABALHISTA

MATRIOSKA
EDITORA

Publisher – Editorial: Luciana Félix
Publisher – Comercial: Patrícia Melo
Coordenação editorial da coleção: Ana C. Moura
Copidesque e preparação de texto: Luísa Lopes
Revisão: Equipe Matrioska Editora
Editoração e capa: Marcelo Correia da Silva

Matrioska Editora
Atendimento e venda direta ao leitor:
www.matrioskaeditora.com.br
contato@matrioskaeditora.com.br
facebook.com/matrioskaeditora
instagram.com/matrioskaeditora

Dados Internacionais de Catalogação na Publicação (CIP)
(Câmara Brasileira do Livro, SP, Brasil)

Rocha, Cláudio Iannotti da
Competência trabalhista / Cláudio Iannotti da Rocha. -- São Paulo : Matrioska Editora, 2022. -- (Coleção pocket book / Thereza Nahas, coordenadora)

Bibliografia.
ISBN 978-65-86985-72-6

1. Competência (Justiça do trabalho) 2. Justiça do trabalho - Brasil 3. Relações trabalhistas - Brasil I. Nahas. Thereza. II. Título. III. Série.

22-119931 CDU-347.98:331(81)

Índices para catálogo sistemático:

1. Brasil : Competência trabalhista : Direito do trabalho 347.98:331(81)

Cibele Maria Dias - Bibliotecária - CRB-8/9427

Impresso no Brasil
2022

O Autor

Cláudio Iannotti da Rocha

Cláudio Iannotti da Rocha é Professor de Direito da Universidade Federal do Espírito Santo (UFES). Professor Permanente do Programa de Pós-Graduação Stricto Sensu em Direito da Universidade Federal do Espírito Santo (Mestrado). Pós-Doutor em Direito pela Universidade Federal da Bahia (UFBA). Doutor e Mestre em Direito pela Pontifícia Universidade Católica de Minas Gerais (PUC MINAS). É Coordenador do Grupo de Pesquisa Trabalho, Seguridade Social e Processo: diálogos e críticas (UFES-CNPq). Pesquisador do Grupo de Pesquisa Relações de Trabalho na Contemporaneidade (UFBA-CNPq). Pesquisador do Grupo de Pesquisa Trabalho, Constituição e Cidadania (UnB-CNPq). Pesquisador do Grupo de Pesquisa Constitucionalismo, Direito do Trabalho e Processo (UDF-CNPq). Membro da Rede de Grupos de Pesquisas em Direito e Processo do Trabalho (RETRABALHO). Membro do Instituto de Ciências Jurídicas e Sociais, ICJS, de Belo Horizonte-MG. Autor de livros e artigos publicados no Brasil e no Exterior. Palestrante. Advogado. E-mail: claudiojannotti@hotmail.com

Apresentação da Série

A coleção Pocket-book chega ao leitor com a intenção de proporcionar uma ferramenta de trabalho e conhecimento que permita a consulta rápida, inteligente e com a qualidade que o modelo da tecnologia atual exige.

Os temas monográficos e a diversidade de autores e pensamentos evitam que a velocidade das alterações legislativas, jurisprudenciais, políticas e sociais possam comprometer a atualidade das obras.

O formato praticamente 100% digital do conteúdo (com impressões esporádicas e sob demanda) viabiliza as atualizações constantes e necessárias para a compreensão dos temas propostos.

O mundo em constante transformação, a aceleração da tecnologia da informação e da comunicação e os vários instrumentos normativos que surgem nos diferentes países impactando, inclusive, a zona de conforto que cada um de nós vive, requer atualizações mais dinâmicas e intercâmbios culturais, políticos, jurídicos e sociais. O mundo não tem fronteiras e reclama que cada um possa ir mais além, justamente pela união dos povos e a cooperação transnacional.

Vivemos no século da sociedade do conhecimento, fundamento este de cada Pocket-book que o leitor poderá absorver!

Thereza Nahas

Coordenadora e autora

Quando pensas no passado, é o teu ego.
Quando pensas no futuro, é o teu orgulho.
Quando pensas no presente, é humildade.

Giannis Antetokounmpo

Sumário

CONCEITO

Competência é poder e legalidade. Afinal, através desta, aquele exsurge e permite um julgador proferir uma decisão válida que obrigatoriamente deverá ser cumprida pelas partes e respeitada por todas as demais pessoas envolvidas, trazendo assim a segurança jurídica e paz social necessária para um Estado de Direito.

A competência é a quantificação da jurisdição. Destaca-se que aquela não limita esta, que é una e indivisível. O órgão jurisdicional tem jurisdição plena dentro do seu espectro de atuação, que por seu turno é delimitado justamente pela competência estabelecida pela Constituição Federal ou pela lei.

Daniel Amorim Assumpção Neves ensina:

> Entendida como poder, a jurisdição representa o poder estatal de interferir na esfera jurídica dos jurisdicionados, aplicando o direito

> objetivo ao caso concreto e resolvendo a crise jurídica que os envolve. Há tempos se compreende que o poder jurisdicional não se limita a dizer o direito (jurs-dicção), mas também de impor o direito (juris-satisfação). Realmente de nada adiantaria a jurisdição dizer o direito, mas não reunir condições para fazer valer esse direito concretamente. Note-se que a jurisdição como poder é algo que depende essencialmente de um Estado organizado e forte o suficiente para interferir concretamente na esfera jurídica de seus cidadãos[1].

Quando o operador do direito analisa a competência ele está almejando saber onde ele irá ajuizar a demanda, significando dizer o órgão jurisdicional competente e ao mesmo tempo a localidade deste órgão jurisdicional que irá analisar e julgar o processo. Ou seja, competência é *quem* e *onde* o processo será ajuizado, tramitado e julgado, alcançando a delimitação da jurisdição no caso concreto.

José Miguel Garcia Medina leciona:

> A jurisdição movimenta-se em decorrência da demanda (nemo iudex sine actore), ficando, antes disso, inerte (ne procedat iudex ex officio). O início do processo condicionado, pois, à demanda da parte, que é a primeira manifestação processual do exercício do direito de ação[2].

A competência do juízo é estabelecida pelo ordenamento jurídico para que assim ele realize sua função jurisdicional estatal garantido a todos um juiz e um tribunal imparcial. Por isso, a Constituição

---

[1] NEVES, Daniel Amorim Assumpção. *Manual de Direito Processual Civil*: volume único. 10. ed. Salvador: Ed. JusPodivm, 2018, p. 60.

[2] MEDINA, José Miguel Garcia. *Curso de Direito Processual Civil Moderno*. 4. ed. rev., atual. e ampl. São Paulo: Editora Revista dos Tribunais, 2018, p. 136.

determina no art. 5º, LIII, que o processo será processo e julgado por órgão jurisdicional que tenha sido previamente constituído para analisar e julgar aquela determinada demanda; bem como proíbe a criação de juízos ou tribunais de exceção, no art. 5º, XXXVII, que são direitos e garantidas fundamentais.A Constituição atribui e delimita o âmbito de atuação dos órgãos que compõem o Poder Judiciário em relação a outros órgãos, determinando os juízos e o tribunais competentes antes do fato que motivou o ajuizamento do processo ter sido praticado (princípio do juiz natural) e ao mesmo tempo vedando que após o fato seja criado um juízo ou tribunal para julgar o fato (tribunal de exceção). Neste arquétipo constitucional incorpora e garante a todos o princípio do devido processo legal, que engloba os princípios da tipicidade e da indisponibilidade da competência.

O Supremo Tribunal Federal em 2006, no *Habeas Corpus* nº 89.890, decidiu que não há violação ao princípio do juiz natural quando um magistrado é designado para atuar no processo de maneira genérica, em uma Vara, mas será considerada violação ao dispositivo constitucional do art. 5º, LIII, quando a designação do magistrado for para atuação em um determinado feito especificamente, da maneira casuística[3].

A competência reside no plano horizontal possuindo caráter endógeno e a jurisdição no plano vertical e reside no plano exógeno, por isso aquela delimita a direção do raio de ação desta, mas não a sua profundeza por ela ser plena, una e indivisível, sendo um monopólio do próprio poder estatal – o único que pode decidir um conflito coercitivamente.

---

[3] Supremo Tribunal Federal, RHC 89.890, rel. Min. Ricardo Lewandowski, j. 05/12/2006

Jurisdição é manifestação do poder do Estado, através da função jurisdicional, sendo uma atividade criativa, ilimitada e reconstrutiva – porquanto o julgador cria uma norma jurídica no caso concreto, recriando a norma abstrata aplicada.

Délio Maranhão ensina que "*enquanto o âmbito de atuação dos tribunais em relação às autoridades tem o nome de jurisdição; no que se refere às relações dos diversos tribunais entre si, recebe o nome específico de competência*"[4].

A jurisdição é um serviço público prestado exclusivamente pelo Estado, e por isso para que seja realizado de maneira eficiente esta atividade estatal é dividida entre os diversos órgãos que integram o Poder Judiciário a partir de diferentes critérios previstos na Constituição e na lei, seja pela divisão do trabalho, seja porque a causa tem um grau de especialidade que justifica o seu julgamento por um órgão especializado em determinado assunto[5].

A competência é a medida da jurisdição (e do poder estatal) e essa medida tanto pode ser aferida em razão da pessoa quanto da matéria, do local e da alçada.

Daniel Amorim Assumpção Neves ilustra:

> Como atividade, a jurisdição é o complexo de atos praticados pelo agente estatal investido de jurisdição no processo. A função jurisdicional se concretiza por meio do processo, forma que a lei criou para que tal exercício se fizesse possível. Na condução do processo, o Estado, ser inanimado que é, investe determinados sujeitos do poder jurisdicional

[4] MARANHÃO, Délio; In SUSSEKIND, Arnaldo; MARANHÃO, Délio; VIANNA, Segadas; TEIXEIRA, Lima. *Instituições de Direito do Trabalho*. 21. ed. São Paulo: LTr, 2003, p. 1173-1174.

[5] MEDINA, José Miguel Garcia. *Curso de Direito Processual Civil Moderno*. 4. ed. rev., atual. e ampl. São Paulo: Editora Revista dos Tribunais, 2018, p. 173.

para que se possa, por meio da prática de atos processuais, exercerem concretamente tal poder. Esse sujeito é o juiz de direito, que por representar o Estado no processo é chamado de Estado-juiz[6].

Todos os juízes exercem a jurisdição, dentro dos limites da competência que lhe é atribuída, através da delimitação estabelecida pela Constituição e pelas leis (Consolidação das Leis do Trabalho, Código de Processo Civil, Código de Processo Penal e as Leis dos Juizados Especiais e outras). Assim, opera-se uma divisão do Poder Judiciário para julgar as causas que lhe são submetidas, conforme critérios de matéria, pessoas, função, lugar e valor, que serão atribuídas aos competentes juízes, respectivamente.

A competência encontra-se correlacionada ao órgão (juízo), e não ao agente (juiz). Enquanto o juízo é incompetente, o juiz é impedido e suspeito, conforme arts. 144 e 145 do Código de Processo Civil, respectivamente. No espectro trabalhista, ambas as hipóteses estão previstas no art. 801 da Consolidação das Leis do Trabalho. O art. 966, II, do Código de Processo Civil, estabelece que, se a ação tiver sido analisada e julgada por juiz impedido, é possível ser rescindida a sentença em até dois anos após o trânsito em julgado. O impedimento e a suspeição garantem às partes que o processo será julgado por um juiz imparcial.

Cassio Scarpinella Bueno ensina:

> Que não basta, apenas, que o órgão judiciário preexista ao fato a ser julgado. Isso, por si só, pode não garantir a realização concreta de todos os valores idealizados por aquele princípio. Também a pessoa

---

[6] NEVES, Daniel Amorim Assumpção. *Manual de Direito Processual Civil*: volume único. 10. ed. Salvador: Ed. JusPodivm, 2018, p. 60.

> natural que ocupa o cargo de magistrado no órgão competente para julgamento deve ser imparcial. Imparcialidade, nesse contexto significa acentuar que o magistrado (o juiz, propriamente dito, e não o juízo, que é indicativo do órgão jurisdicional) seja indiferente em relação ao litígio. Seja, no sentido comum da palavra terceiro, totalmente estranho, totalmente indiferente à sorte do julgamento e ao destino de todos aqueles que, direta ou indiretamente, estejam envolvidos nele[7].

A competência é, portanto, uma racionalidade e organicidade das tarefas e dos órgãos jurisdicionais, porquanto a jurisdição é indivisível.

1.1 Competência por distribuição

Onde houver mais de um juiz, deverão os processos ser distribuídos, de modo alternado e aleatório, entre os juízes abstratamente competentes, *ex vi* art. 284 do Código de Processo Civil.

Fredie Didier demonstra *"que as regras de distribuição servem para concretizar a competência onde há mais de um juízo e foram criadas para fazer valer o princípio do juiz natural – que é, sobretudo, o juiz legalmente competente"*[8].

O art. 713 da Consolidação das Leis do Trabalho estabelece a competência por distribuição, determinando que, quando houver mais de um juiz deverá ser realizada a distribuição dos processos, sendo que nos termos do art. 93, XV, da Constituição Federal, deverá ocorrer de forma imediata à propositura da ação, em todos os graus de jurisdição, efetivando assim os princípios do devido processo legal,

---

[7] BUENO, Cassio Scarpinella. *Manual de Direito Processual Civil*: volume único. 5. ed. São Paulo: Saraiva, 2019, p. 57.

[8] DIDIER JR, Fredie. *Curso de Direito Processual Civil*: introdução ao direito processual civil, parte geral e processo de conhecimento. 20. ed. Salvador: Ed. JusPodivm, 2018, p. 241.

do juiz natural e da igualdade. Por isso, o art. 783 da Consolidação das Leis do Trabalho impõe que a distribuição das ações trabalhistas obedecerá a ordem rigorosa de sua apresentação ao distribuidor e art. 785 da Consolidação das Leis do Trabalho determina que o distribuidor fornecerá ao interessado um recibo, do qual constarão, essencialmente, o nome do reclamante e do reclamado, a data da distribuição, o objeto da reclamação e a Vara a que coube a distribuição.

Caso as regras da competência da distribuição sejam descumpridas, será hipótese de incompetência absoluta, porquanto a sua observância é obrigatória, podendo a distribuição ser fiscalizada pela parte, por seu procurador, pelo Ministério Público e pela Defensoria Pública, *ex vi* art. 289 do Código de Processo Civil.

José Miguel Garcia Medina leciona:

> Antes do ajuizamento da ação, a competência é prevista abstratamente no sistema jurídico. Proposta a demanda, dá-se a fixação da competência, que, de acordo com o art. 43 do CPC/2015, não haverá de ser alterada, salvo em caso de modificação que diga respeito à competência absoluta (*perpetuatio jurisdicionis*)[9].

A distribuição da demanda fixa a competência concreta e exclusiva do juízo, fazendo com que se torne o único competente dentre todos os outros juízos para analisar e julgar o feito.

1.2 Perpetuação da jurisdição

Realizada a distribuição da ação trabalhista, a competência encontra-se fixada tendo o jurisdicionado a garantia e a segurança

---

[9] MEDINA, José Miguel Garcia. *Curso de Direito Processual Civil Moderno*. 4. ed. rev., atual. e ampl. São Paulo: Editora Revista dos Tribunais, 2018, p. 172.

jurídica de que a competência não será alterada, hipótese intitulada de perpetuação da jurisdição (*perpetuatio jurisdictionis*), nos termos do art. 43 do Código de Processo Civil.

Fredie Didier ilustra:

> Não basta que as regras de competência sejam fixadas por normas jurídicas gerais; é necessário que se sabia qual, dentre os vários igualmente competentes, será o juízo responsável concretamente pela demanda ajuizada. É necessário que se determina, in concreto, qual o juízo que será o competente para o processamento e o julgamento da causa[10].

A perpetuação da competência garante às partes que, independentemente de modificações fáticas ou de direito ocorridas após a fixação, não ocorrerá alteração da competência em todo o processo, salvo em duas hipóteses: a supressão do órgão judiciário; e alteração da competência absoluta, *ex vi* art. 43 do Código de Processo Civil. Assim, "*a regra da perpetuação da jurisdição compõe o sistema de estabilidade do processo, ao lado, por exemplo daquelas decorrentes do art. 329 do CPC*"[11].

O Supremo Tribunal Federal, através de Súmula Vinculante nº 22 e o Superior Tribunal de Justiça, na Súmula nº 367, entendem que na alteração da competência absoluta somente ocorrerá a perpetuação da competência nas ações em que tiver sido proferida sentença de mérito no momento da alteração legislativa, vez que caso não tenha ocorrido os autos deverão ser remetidos ao juízo competente a partir da norma recente.

---

[10] DIDIER JR, Fredie. *Curso de Direito Processual Civil*: introdução ao direito processual civil, parte geral e processo de conhecimento. 20. ed. Salvador: Ed. JusPodivm, 2018, p. 238.

[11] DIDIER JR, Fredie. *Curso de Direito Processual Civil*: introdução ao direito processual civil, parte geral e processo de conhecimento. 20. ed. Salvador: Ed. JusPodivm, 2018, p. 241.

CLASSIFICAÇÕES DE COMPETÊNCIA

A competência pode ser absoluta quando relacionada à matéria, à pessoa ou a função, e relativa, quando vinculada ao valor e ao território.

A competência absoluta não pode ser alterada por ocorrência de fatos processuais ou por interesse das partes; o mesmo não ocorrendo com a competência relativa que pode ser modificada ou prorrogada, conforme arts. 62 e 63, ambos do Código de Processo Civil.

As matérias de competência absoluta não podem ser convencionadas pelas partes, porquanto regulamentam interesse público e por isso, a incompetência absoluta deve ser pronunciada de ofício pelo órgão julgador, *ex vi* art. 64, § 1º, do Código de Processo Civil.

A incompetência absoluta pode ser declarada e alegada em qualquer tempo e grau de jurisdição e deve ser declarada de ofício pelo julgador; a incompetência relativa, por sua vez, deve ser alegada em sede preliminar de contestação, sob pena de prorrogação da competência relativa, destacando-se que essa poderá ser alegada pelo Ministério Público nas causas em que atuar, tudo conforme os arts. 64 e 65, ambos do Código de Processo Civil.

Inclusive, pelo fato de a competência absoluta ter sido pensada, fundamentalmente, para atender o interesse público é que o art. 966, II, do Código de Processo Civil, estabelece que se a ação tiver sido analisada e julgada por juízo absolutamente incompetente é possível desconstituí-la através de ação rescisória em até dois anos após o transito em julgado.

As matérias de competência relativa podem ser negociadas, porque tutelam exclusivamente os interesses privados das partes, e como regra, não pode o órgão jurisdicional pronunciar-se de ofício, devendo ser provocado pela parte interessada em sua arguição em sede preliminar de contestação, sob pena de preclusão. A falta de alegação implica a prorrogação da competência relativa, decorrente de aceitação tácita do juízo antes incompetente para a julgar a demanda, conforme art. 65 do Código de Processo Civil. Porém caso o juízo considere a cláusula de eleição de foro abusiva, poderá declarar de ofício a sua nulidade, determinando os autos ao juízo do foro do domicílio do réu, conforme art. 63 do Código de Processo Civil.

Importante destacar que o art. 10 do Código de Processo Civil, que traz consigo o contraditório substancial, é aplicável no Processo do Trabalho e por isso, o juiz não pode decidir, em qualquer grau de jurisdição, com base em fundamento a respeito do qual não se tenha dado às partes oportunidade de se manifestar, ainda que se trate de matéria sobre a qual deve decidir de ofício. Por isso, antes do magistrado decidir sua (in)competência deverá oportunizar as partes a se manifestarem, inclusive caso seja a (in)competência absoluta.

CRITÉRIOS DA COMPETÊNCIA

A partir das particularidades da causa o intérprete do direito deve observar o bojo panorâmico estabelecido pelo arquétipo normativo brasileiro para definir qual é o juízo competente para intentar a sua ação.

José Miguel Garcia Medina leciona:

> Sendo a jurisdição estatal um serviço público, é natural que esta atividade seja dividida entre os diversos órgãos que compõem o Poder Judiciário levando-se em conta variados critérios, seja porque se está diante de uma mera divisão de trabalho, seja porque a causa tem um grau de especialidade que justifica o seu julgamento por órgão especializado em determinado assunto[12].

---

[12] MEDINA, José Miguel Garcia. *Curso de Direito Processual Civil Moderno*. 4. ed. rev., atual. e ampl. São Paulo: Editora Revista dos Tribunais, 2018, p. 173.

Para cada ação existe um juízo previamente competente previsto em lei, sendo que os critérios a serem observados são os seguintes: (a) pessoa; (b) matéria a ser decidida; (c) funcional; (d) territorial; (e) valor.

Em toda e qualquer ação, obrigatoriamente, esses critérios devem ser observados simultaneamente nesta ordem: (a) a competência em razão da pessoa – se alguma das partes no momento do ajuizamento da ação exerce função, ainda que transitoriamente, que lhe destina um foro especial; (b) competência material – a partir da relação jurídica determina-se qual órgão do Poder Judiciário possui previsão legal para julgar a ação, iniciando-se pela Justiça Especializada (como é o caso da Trabalhista, Eleitoral e Militar), e tratando-se de Justiça Comum será Federal ou, residualmente, Estadual; (c) a competência funcional – a competência originária de algum Tribunal: Supremo Tribunal Federal, Superior Tribunal de Justiça, Tribunal Superior do Trabalho, Tribunal Regional Federal, Tribunal de Justiça Estadual e Tribunal Regional do Trabalho; (d) competência territorial – o foro territorialmente competente, significando dizer onde geograficamente a ação será ajuizada; (e) competência em razão do valor – na Justiça do Trabalho, o valor delimita o rito (sumário, sumaríssimo e ordinário) e na Justiça Comum, se existem Vara Especializada e/ou Juizado Especial.

3.1 Competência absoluta

A competência absoluta, *juris et de jure*, decorre em razão da matéria, da pessoa e funcional, bem como o impedimento do juiz. São questões de ordem pública, *ex vi* art. 62 do Código de Processo Civil, possuindo natureza cogente, e por isso não estão sujeitas à preclusão. Devem ser conhecidas de ofício pelo magistrado, mas anteriormente deve-se oportunizar que as partes se manifestem, nos termos do art. 10 do Código de Processo Civil.

O art. 61, §1º do Código de Processo Civil impõe ao juiz declarar de ofício a incompetência absoluta, sendo que o §2º exige que, ao se deparar com a alegação de incompetência, intime a parte contrária para se manifestar sobre a matéria, tornando assim o contraditório obrigatório, o que também deve ocorrer antes do magistrado declarar de ofício a incompetência, *ex vi* art. 10 do Código de Processo Civil.

As partes podem alegar a incompetência absoluta a qualquer tempo e grau de jurisdição, através de preliminar de contestação, petição simples e até alegação oral em audiência, exceto em instância superior que dependa de prequestionamento. Até mesmo o próprio autor, que foi o responsável pelo surgimento do vício no caso concreto, possui legitimidade para arguir a incompetência absoluta, podendo nesse caso ser condenado nas penas de litigância de má-fé caso se for constatado que o vício foi criado de maneira proposital.

O Tribunal Superior do Trabalho através da Orientação Jurisprudencial nº 62 da Subseção I da Seção Especializada em Dissídios Individuais determina que é necessário o prequestionamento como pressuposto de admissibilidade em recurso de natureza extraordinária, ainda que se trate de incompetência absoluta.

Caso a incompetência absoluta seja reconhecida, acontecerá a *translatio judicii*, quando os autos são encaminhados ao juízo competente, que prosseguirá o trâmite processual, sendo que salvo decisão judicial em sentido contrário, os efeitos das decisões proferidas pelo juízo incompetente serão conservados até que outra seja proferida, se for o caso, pelo juízo competente, *ex vi* art. 64, §4º, do Código de Processo Civil.

Daniel Amorim Assumpção Neves ensina:

> Apesar de ser situação rara no foro, parece ser admissível que um terceiro absolutamente desinteressado, ou ainda com interesse que não jurídico (portanto, sem aptidão para ingressar no processo), alegue a incompetência absoluta. É natural que não se trata de situação frequente, mas a proteção de interesse público é missão de todos, e não somente dos sujeitos processuais.[13]

A competência absoluta não pode ser modificada, enseja nulidade absoluta e pode ser objeto de ação rescisória, conforme art. 966, II, do Código de Processo Civil.

3.1.1 Competência material

A competência material é aquela consubstanciada na natureza do conflito; é a relação jurídica apresentada em juízo, como é o caso de criminal, cível, consumidor, trabalhista, de família, ambiental e previdenciária. A partir do objeto da lide é que será observado qual o órgão do Poder Judiciário previsto no art. 92 da Constituição Federal será competente para analisar e julgar a demanda.

Fredie Didier ilustra:

> A competência em razão da matéria é determinada pela natureza da relação jurídica controvertida, definida pelo fato jurídico que lhe dá causa. Assim, é a causa de pedir, que contém a afirmação do direito discutido, o dado a ser levado em consideração para a identificação

[13] NEVES, Daniel Amorim Assumpção. *Manual de Direito Processual Civil*: volume único. 10. ed. Salvador: Ed. JusPodivm, 2018, p. 224.

> do juízo competente. É com base neste critério que as varas de família, cível, penal etc, são criadas. [14]

São os fatos e os fundamentos jurídicos (causa de pedir) e o pedido apresentado em juízo que determinarão a competência em razão da matéria.

A competência da Justiça Federal encontra previsão legal no art. 109 da Constituição Federal, que é *ratione personae* (União, entidade autárquica, empresa pública, Estados Estrangeiros e Organismos Internacionais), sendo que a parte final do inciso I, exclui, expressamente, a competência da Justiça Federal para julgar as ações de falência, acidente de trabalho, que deverão ser remetidos à Justiça Estadual; e os feitos sujeitos à Justiça Eleitoral e à Justiça do Trabalho.

A competência da Justiça Eleitoral encontra previsão legal nos arts. 96, III e 121 da Constituição Federal, nos arts. 22 e 23, ambos do Código Eleitoral e no art. da Lei Complementar nº 64 de 1990.

A competência da Justiça Militar está prevista nos arts. 124 e 125, 4º e 5º da Constituição Federal e na Lei nº 13.491 de 2017.

A competência da Justiça do Trabalho encontra previsão no art. 114 da Constituição Federal e no art. 652 da Consolidação das Leis do Trabalho.

A competência da Justiça Estadual é a residual, abrangendo todas as matérias que não se encontram no bojo da Justiça Eleitoral, Militar, Trabalhista e Federal.

---

[14] DIDIER JR, Fredie. *Curso de Direito Processual Civil*: introdução ao direito processual civil, parte geral e processo de conhecimento. 20. ed. Salvador: Ed. JusPodivm, 2018, p. 256.

3.1.2 Competência em razão da pessoa

A competência em razão da pessoa, decorrente da qualidade das partes envolvidas no processo, não se encontra regulamentada no Código de Processo Civil e na Consolidação das Leis do Trabalho, mas sim na Constituição Federal e nas Constituições Estaduais; e até mesmo nas leis de organização judiciária.

Daniel Amorim Assumpção Neves ensina:

> A competência em razão da pessoa será semrpe absoluta, existindo regras na Constituição Federal (competência da Justiça do Federal de primeiro grau, do Supremo Tribunal Federal e Superior Tribunal de Justiça), nas Constituições Estaduais (competência de tribunais estaduais) e nas leis de organização judiciária (competência de juízo). Sempre que estiverem ficadas em norma de organização judiciária, determinarão a competência do juízo., em interesse geral da administração da administração da justiça. Mais uma vez o que se pretende é a especialização, não em razão da matéria, mas sim da pessoa[15].

São exemplos da competência em razão da pessoa o caso da União, nas causas de competência da Justiça Federal, *ex vi* art. 109, I, da Constituição Federal; de determinada pessoa com prerrogativa do exercício de algumas funções, como é a hipótese do Presidente da República, que nos termos do art. 102, I, *d*, da Constituição Federal é do Supremo Tribunal Federal; e as Varas de Fazenda Pública, que concentram as demandas envolvendo o Estado e o Município.

---

[15] NEVES, Daniel Amorim Assumpção. *Manual de Direito Processual Civil*: volume único. 10. ed. Salvador: Ed. JusPodivm, 2018, p. 224.

3.1.3 Competência funcional

A competência funcional decorre das funções exercidas pelo magistrado no processo, inclusive quanto ao grau de jurisdição, aqui residindo a competência hierárquica determinando a competência originária para conhecer e decidir a causa, bem como a competência recursal para julgar um evento recurso e executar as decisões. Portanto, como leciona Mauro Schiavi é a "*competência hierárquica e interna*"[16].

Fredie Didier ilustra:

> A competência funcional – ou critério funcional de determinação da competência – relaciona-se com a distribuição das funções que devem ser exercidas em um mesmo processo. Toma-se por critério de distribuição aspectos endoprocessuais (internos), relacionados ao exercício das diversas atribuições que são exigidas do magistrado durante toda a marcha processual. O critério funcional ouro é aquele que poderá ser auferido somente da relação jurídica processual[17].

Luiz Guilherme Marinoni, Sérgio Cruz Arenhart e Daniel Mitidiero ensinam:

> Tem em vista a natureza própria e as exigências específicas das funções atribuídas a cada um dos magistrados que participam de um dado processo. Cogita-se da função desempenhada pelo magistrado, repartindo-se, exemplificadamente, essa competência em competência de primeiro grau (competência funcional horizontal), competência

[16] SCHIAVI, Mauro. *Manual de Direito Processual do Trabalho*. 10. ed. São Paulo: LTr, 2016, p. 312

[17] DIDIER JR, Fredie. *Curso de Direito Processual Civil*: introdução ao direito processual civil, parte geral e processo de conhecimento. 20. ed. Salvador: Ed. JusPodivm, 2018, p. 256.

> recursal (competência funcional vertical) e a competência para a execução. Assim, o juiz de primeiro grau não tem competência revisional (recursal) de seu julgado, da mesma forma que o juízo recursal não tem, em regra, poder de examinar a causa diretamente, suprimindo a atividade do primeiro. Releva ainda sublinhar que também é modalidade de competência funcional aquela examinada em razão das funções exercidas pelo magistrado em outro território – v.g., o cumprimento de cartas precatórias, para a citação e intimação de partes, para a colheita de provas ou para a efetivação de provimentos judiciais – no mesmo processo[18].

A competência funcional pode ser originária, recursal e executiva, vez que fixa a competência dos órgãos de um mesmo segmento do Poder Judiciário, tratando-se da competência dos órgãos do primeiro, segundo graus e a instância especial. Em síntese, é fixação dos órgãos do Poder Judiciário para atuar no processo, durante as fases processuais.

Na Justiça do Trabalho a competência originária, em regra, pertence as Varas do Trabalho (juízos de primeiro grau). Excepcionalmente a instância originária pode ser o Tribunal Regional do Trabalho ou o Tribunal Superior do Trabalho, como é o caso da ação rescisória, dissídio coletivo e mandado de segurança, a depender daquilo que determina a legislação. Portanto, inexistindo norma determinando a competência originária do Tribunal Regional do

---

[18] MARINONI, Luiz Guilherme; ARENHART, Sérgio Cruz; MITIDIERO, Daniel. *Novo curso de processo civil:* tutela dos direitos mediante procedimento comum: volume II. São Paulo: Editora Revista dos Tribunais, 2015, p. 61.

Trabalho ou o Tribunal Superior do Trabalho, a competência será da Vara do Trabalho – residual.

Na hipótese de ação acessória, hipótese de demanda secundária destinada a complementar ação principal, nos termos do art. 61, do Código de Processo Civil, a competência originária dessa ação será o juízo competente para a ação principal.

As Varas do Trabalho representam o primeiro grau da jurisdição trabalhista – o *standard* juslaboral – e sua competência funcional está prevista nos art. 652 e 653, ambos da Consolidação das Leis do Trabalho. É justamente nelas que as ações trabalhistas individuais e coletivas são ajuizadas, bem como as respectivas execuções, *ex vi* art. 877 da Consolidação das Leis do Trabalho.

O art. 112 da Constituição Federal estabelece que a lei criará Varas da Justiça do Trabalho, podendo atribuí-las aos juízes de direito nas comarcas não abrangidas por sua jurisdição, com recurso para o respectivo Tribunal Regional do Trabalho.

A competência recursal, também intitulada de derivada ou hierárquica, dar-se-á quando um determinado órgão jurisdicional recebe a função de reanalisar a decisão proferida pelo órgão da competência originária. Via de regra, a competência recursal é do Tribunal Regional do Trabalho ou do Tribunal Superior do Trabalho.

Os Regionais do Trabalho, que representam o segundo grau da jurisdição trabalhista, tem sua competência funcional fixada no art. 678 da Consolidação das Leis do Trabalho e nos respectivos Regimentos Internos dos Tribunais – competência de cada uma das Turmas e Seções, bem como questões de julgamentos dos recursos, ações rescisórias, dissídios coletivos e mandados de segurança.

O art. 115 da Constituição Federal regulamenta que os Tribunais são formados de, no mínimo, sete juízes, recrutados, quando possível, na respectiva região, podendo instalar justiça itinerante e também Turmas descentralizadas para facilitar e otimizar o acesso à justiça.

Os Tribunais Regionais do Trabalho podem ou não ser divididos em Turmas, dependendo do número de Desembargadores. O art. 679 da Consolidação das Leis do Trabalho, estabelece a competência dos Tribunais Regionais do Trabalho que não são divididos em Turmas, ao passo que o art. 680 da Consolidação das Leis do Trabalho, dispõe sobre competência dos Tribunais Regionais do Trabalho que são divididos em Turmas.

O Tribunal Superior do Trabalho previsto no art. 111-A, da Constituição Federal é a instância especial da jurisdição trabalhista, formado por 27 ministros, com jurisdição em todo o território nacional e tem sua competência funcional estabelecida no art. 702 da Consolidação das Leis do Trabalho, na Lei nº 7.701/88 e no seu Regimento Interno – Resolução Administrativa nº 1937/2017.

O Tribunal Superior do Trabalho é composto pelo: 1) Tribunal Pleno (art. 75 do Regimento Interno do Tribunal Superior do Trabalho); 2) Conselho Superior da Justiça do Trabalho, 3) Seção Especializada de Dissídios Coletivos (art. 77 do Regimento Interno do Tribunal Superior do Trabalho); 4) Subseção I da Seção Especializada em Dissídios Individuais (art. 78 do Regimento Interno do Tribunal Superior do Trabalho); 5) Subseção II da Seção Especializada em Dissídios Individuais (art. 78 do Regimento Interno do Tribunal Superior do Trabalho); 6) 8 Turmas, cada uma formada por 3 Ministros (art. 79 do Regimento Interno do Tribunal Superior do Trabalho) e os cargos de Administração (Presidente, Vice-Presidente e Corregedor).

Tratando-se de cumprimento de sentença, a competência executiva pertence ao juízo competente que proferiu a sentença originariamente e, tratando-se de ação de execução, é competente para a execução do título executivo extrajudicial o juiz que teria competência para o processo de conhecimento relativo à matéria, *ex vi* arts. 877 e 877-A, ambos da Consolidação das Leis do Trabalho.

A competência funcional executiva encontra-se prevista no art. 877 da Consolidação das Leis do Trabalho, que estabelece que é competente para a execução das decisões o Juiz ou Presidente do Tribunal que tiver conciliado ou julgado originariamente o dissídio; e no art. 877-A da Consolidação das Leis do Trabalho, que determina que é competente para execução de título executivo extrajudicial o juiz que teria competência para o processo de conhecimento relativo à matéria.

Destaca-se ainda que a competência funcional enseja a competência exclusiva e a competência concorrente, sendo que aquela é quando a lei não oferta qualquer alternativa ao autor da demanda, indicando e direcionando-o para um único órgão jurisdicional para o ajuizamento da sua demanda, ao passo que a concorrente é quando a lei permite o autor escolher dentre dois ou mais juízos para o ajuizamento da demanda – como é o caso dos art. 651, §§§ 1º, 2º e 3º, da Consolidação das Leis do Trabalho e também na ação civil pública.

3.2 Competência relativa

A competência relativa, *iuris tantum*, tem como escopo privilegiar a vontade das partes e não o interesse público, e por isso elas podem modificá-la que não haverá vício processual. Dar-se-á em razão do lugar (também conhecida como competência territorial ou de foro) e do valor da causa, bem como a suspeição do magistrado.

Tendo em vista o interesse privado das partes na competência relativa, o juiz não pode conhecê-la de ofício, devendo a parte interessada provocá-la na primeira oportunidade que tiver de falar nos autos, sob pena de prorrogação da competência. O Tribunal Superior do Trabalho através do Orientação Jurisprudencial nº 149 Subseção II da Seção Especializada em Dissídios Individuais determina que a incompetência territorial prevista no art. 651, §3º, da Consolidação das Leis do Trabalho não pode ser declarada de ofício por ser relativa, sendo que tendo o trabalhador optado pela utilização deste artigo, o conflito será resolvido onde a ação foi proposta.

A incompetência relativa pode ser levantada pelo Ministério Público nas ações em que ele atuar, conforme parágrafo único, do art. 65 do Código de Processo Civil.

As exceções de incompetência territorial, prevista nos art. 800, da Consolidação das Leis do Trabalho deve ser oposta em peça autônoma que demonstre a existência da exceção, com suspensão do feito, sob pena de preclusão. O rito processual deve ser impugnado como matéria de defesa em preliminar de contestação.

A competência relativa pode der modificada pela prorrogação; conexão; ou continência.

Quando acolhida a exceção de incompetência enseja a nulidade relativa e não pode ser objeto de ação rescisória.

3.2.1 Competência territorial

A competência territorial, por muitos chamada de competência de foro, e por alguns de *ratione loci,* estabelece consigo o limite territorial da competência de cada órgão do Poder Judiciário Trabalhista.

Em síntese, é o limite geográfico do exercício da jurisdição, afinal a competência delimita a direção do raio de ação da jurisdição.

A incompetência territorial não pode ser alegada de ofício pelo magistrado, por se tratar de competência relativa, devendo a reclamada apresentar sua exceção de incompetência a tempo e modo, nos termos do art. 800, da Consolidação da Leis do Trabalho, sob hipótese de prorrogação de competência.

Destaca-se que na seara justrabalhista não é permitido o foro de eleição estabelecido no art. 63 do Código de Processo Civil, por violar o princípio da igualdade, considerando-se a hipossuficiência do trabalhador, conforme art. 20, I, da Instrução Normativa nº 39/2016, do Tribunal Superior do Trabalho. Caso seja estabelecido pelas partes, é hipótese de nulidade, *ex vi* art. 63, §3º, do Código de Processo Civil, podendo ser decretada de ofício pelo Juiz, que declinará de competência para o Juízo do local da prestação de serviços.

O art. 651 da Consolidação das Leis do Trabalho estabelece que a competência territorial é determinada pela localidade da prestação de serviços do empregado, seja ele autor ou réu na demanda; ainda que tenha sido contratado noutro local ou no estrangeiro.

Caso o empregado tenha trabalhado em diversas localidades durante o vínculo empregatício, a competência não será do último local de trabalho, podendo o trabalhador escolher qualquer dos locais, cabendo a ele escolher o local da propositura, por se tratar de competência concorrente, fomentando assim o acesso à Justiça.

O art. 651, §1º, da Consolidação das Leis do Trabalho, quando o trabalhador foi agente ou viajante comercial, a competência será da Vara do Trabalho da localidade em que a empresa tenha agência ou filial e a esta o empregado esteja subordinado, e na falta desta ou daquela, será competente a Junta da localização em que o empregado tenha domicílio ou localidade mais próxima, estabelecendo assim uma ordem a ser obedecida.

Assim, quanto ao agente ou viajante comercial, que é a 1ª exceção, o art. 651, §1º, da Consolidação das Leis do Trabalho, estabelece uma ordem cronológica: 1) regra principal – caso o empregado esteja vinculado a uma agência ou filial, a Vara do Trabalho competente será aonde a empresa tiver agência ou filial; 2) regra secundária – caso a empresa não tenha agência ou filial ou se o empregado não estiver vinculado subordinado a nenhuma delas, o empregado poderá escolher ajuizar sua ação trabalhista no seu domicílio ou na localidade mais próxima.

A segunda exceção, prevista no art. 651, §2º, da Consolidação das Leis do Trabalho, diz respeito ao empregado brasileiro que trabalha no exterior, de modo que mesmo tendo trabalho no estrangeiro, poderá ajuizar sua demanda na Justiça do Trabalho brasileira, estabelecendo assim a competência internacional trabalhista, desde inexista convenção internacional dispondo em contrário.

A competência internacional trabalhista permite ao empregado brasileiro (nato ou naturalizado) ajuizar sua ação trabalhista no local da sede ou filial da empresa, no local da contratação ou no local do seu domicílio, podendo escolher qual Vara do Trabalho facilitando o seu acesso à justiça.

Caso a empresa não tenha sede no Brasil, o ajuizamento será feito no local da contratação. A empresa será citada da demanda, sendo hipótese de carta rogatória, nos termos do art. 36 do Código de Processo Civil, e o processo terá seu curso normal e com cancelamento da Súmula nº 207 do Tribunal Superior do Trabalho aplicar-se-á a norma material mais favorável ao trabalhador nos termos da teoria do conglobamento.

Muito embora o art. 651, §2º, da Consolidação das Leis do Trabalho estabeleça regra de competência, uma norma de cunho iminentemente processual, o direito material a ser aplicado no caso concreto será a norma mais benéfica ao trabalhador no conjunto normas em relação a cada matéria, em nome do princípio da proteção e da teoria do conglobamento mitigado.

O art. 651, §3º, da Consolidação das Leis do Trabalho estabelece que, tratando-se de empregador que promova realização de atividades fora do lugar do contrato de trabalho, é assegurado ao empregado apresentar reclamação no foro da celebração do contrato ou no da prestação dos respectivos serviços.

O Tribunal Superior do Trabalho vem conferindo uma interpretação constitucional do art. 651, §3º, da Consolidação das Leis do Trabalho à luz do art. 5º, XXXV, da Constituição Federal e alargando o acesso à justiça, estabelecendo nesse caso a competência territorial concorrente e permitindo ao trabalhador escolher ajuizar sua ação trabalhista no local da prestação de serviços ou no da contratação e, ainda, no seu próprio domicílio[19].

Analisando a integralidade do artigo 651 da Consolidação das Leis do Trabalho percebe-se que o legislador trabalhista estabeleceu uma sistematicidade para a competência territorial trabalhista a partir da seguinte estrutura: 1) regra: art. 651, *caput*, sendo o local da prestação de serviços; 2) exceção primária: agente ou viajante comercial, art. 651, § 1º; 3) exceção secundária: empregado brasileiro que trabalha no exterior, art. 651, § 2º; 4) exceção terciária: empregado que promove a prestação dos serviços fora do lugar da celebração do contrato, art. 651, § 3º.

Caso qualquer das hipóteses de competência territorial seja violada pelo autor da ação trabalhista, o réu deve apresentar exceção de incompetência territorial nos termos do art. 800 da Consolidação

---

[19] Tribunal Superior do Trabalho, CC 54-74.2016.5.14.0006, SBDI-II, Red. Min. Luiz Philippe Vieira de Mello Filho, j. 27/09/2016. Tribunal Superior do Trabalho, ERR 73-36.2012.5.20.0012, SBDI-I, Rel. Min. Cláudio Mascarenhas Brandão, j. 30/03/2017.

das Leis do Trabalho, no prazo preclusivo de cinco dias, contados da citação, sob pena de prorrogação da competência.

A Subseção II da Seção Especializada em Dissídios Individuais do Tribunal Superior do Trabalho, no julgamento do Conflito de Competência, autos nº 0467-93.2019.5.15.0013, decidiu que o prazo previsto no art. 800 da Consolidação das Leis do Trabalho possui, efetivamente, natureza preclusiva, de modo que, caso a parte interessada não exerça seu direito de apresentar exceção de incompetência territorial na forma e no prazo ali estabelecidos, prorroga-se, nesse momento, a competência territorial do juízo em que tiver sido proposta a ação trabalhista[20].

A exceção de incompetência territorial deve ser apresentada pelo réu na Vara do Trabalho (juízo excepcionado) onde os autos estão tramitando, sendo que uma vez recebida a exceção, a ação trabalhista será suspensa e não se realizará a audiência estabelecida no art. 843 da Consolidação das Leis do Trabalho até que se decida a exceção, *ex vi* art. 800, § 1º, da Consolidação das Leis do Trabalho.

Os autos serão imediatamente conclusos ao juiz, que intimará o autor da ação trabalhista e, se existentes, os litisconsortes para manifestação no prazo comum de cinco dias. Caso o magistrado entenda necessária a produção de prova oral, designará audiência, garantindo o direito de o excipiente e de suas testemunhas serem ouvidos, por carta precatória, no juízo que este houver indicado como competente.

O juízo excepcionado é quem decidirá o incidente de exceção de incompetência relativa, proferindo a respectiva decisão interlocutória.

---

[20] Tribunal Superior do Trabalho, CC 0467-93.2019.5.15.0013, SBDI-II, Rel, Min. Luiz José Dezena da Silva, j. 25/09/2020.

Decidida a exceção de incompetência territorial, o processo retomará seu curso, com a designação de audiência, a apresentação de defesa e a instrução processual perante o juízo competente.

Nos termos dos art. 799, §2º combinado com o art. 893, §1º, ambos da Consolidação das Leis do Trabalho e da Súmula nº 214, alínea *c*, do Tribunal Superior do Trabalho, caso a exceção de incompetência territorial não seja acolhida ou sendo acolhida determine a remessa dos autos para outra Vara do Trabalho do mesmo Tribunal Regional do Trabalho, por se tratar de decisão interlocutória, não caberá recurso imediato. A parte interessada deverá apresentar sua irresignação na preliminar do recurso ordinário, que deverá ser interposto após ser proferida a sentença na ação trabalhista. Porém, na hipótese da exceção ser acolhida e determinar o envio dos autos para Vara do Trabalho Tribunal Regional distinto daquele a que se vincula o juízo excepcionado, será hipótese de recurso ordinário imediato, mesmo tratando-se de decisão interlocutória.

Na hipótese de a decisão interlocutória determinar a remessa dos autos para Vara pertencente a Tribunal Regional do Trabalho distinto a do juízo excepcionado, o autor, querendo, deverá apresentar um recurso ordinário imediato para o Tribunal Regional do Trabalho que o juízo excepcionado pertence, sendo que este Tribunal é quem analisará e julgará este recurso ordinário.

A Orientação Jurisprudencial nº 149 da Subseção II da Seção Especializada de Dissídios Individuais do Tribunal Superior do Trabalho estabelece que, por se tratar de nulidade relativa, o juiz do trabalho não pode suscitar sua própria incompetência territorial; e caso não seja arguida pela parte adversa, há a prorrogação da competência.

3.2.2 Competência em razão do valor da causa

A competência em razão do valor da causa no Processo do Trabalho leva em consideração o valor do pedido, que determinará o rito da demanda: sumário, até dois salários mínimos, regulamentado pela Lei nº 5584/1970; sumaríssimo, até quarenta salários mínimos, regulamentado pelos arts. 852-A ao 852-H, da Consolidação das Leis do Trabalho; e ordinário, acima de quarenta salários-mínimos, regulamentado a partir do art. 763 da Consolidação das Leis do Trabalho.

Diferentemente da Justiça Comum, a Justiça do Trabalho não possui Juizados Especiais, por isso que a competência em razão do valor da causa estabelece o rito processual da demanda (sumário, sumaríssimo e ordinário) e não a competência dos Juizados Especiais.

Tendo em vista que albergam as causas de menores valores econômicos, os ritos sumário e sumaríssimo possuem como principais características e fundamentos os princípios da celeridade, da simplicidade e da informalidade, ensejando duas procedimentalizações mais ágeis quando comparadas ao rito ordinário.

O rito ordinário abrange as demandas acima de 40 salários mínimos, bem como quando a Administração Pública direta, autárquica e fundacional forem parte, e também quando o autor não souber o nome completo ou o endereço correto do reclamado e quando for necessária a citação editalícia do réu, vez que o parágrafo único, do art. 852-A e 852-B, I e II, da Consolidação das Leis do Trabalho excluem tais hipóteses do rito sumaríssimo, mesmo que o valor da causa seja aquém de 40 salários mínimos.

Muito embora o rito ordinário seja autônomo e independente, ele também ser para preencher as lacunas dos demais ritos sumário e sumaríssimo.

Portanto, o procedimento ordinário é anfíbio, porquanto ao mesmo tempo que ele é um procedimento próprio, ele também é utilizado como fonte subsidiaria para preencher as lacunas de diversos procedimentos.

O rito ordinário encontra-se espalhado em toda a Consolidação das Leis do Trabalho, a partir do art. 763, salvo nos artigos destinados aos ritos acima mencionados que são particularidades e exclusividades deles.

O momento para o réu apresentar impugnação ao rito adotado pelo autor, inclusive, analogicamente para o sumaríssimo, é na apresentação da contestação, em sede preliminar, sob pena de preclusão, conforme Súmula nº 71 do Tribunal Superior do Trabalho, que assim determina: "*A alçada é fixada pelo valor dado à causa na data de seu ajuizamento, desde que não impugnado, sendo inalterável no curso do processo*". Caso a impugnação do valor do rito seja acolhido pelo magistrado, será hipótese de arquivamento, nos termos do art. 852-B, §1º, da Consolidação das Leis do Trabalho, não cabendo a conversão do rito sumaríssimo para o ordinário, para que assim seja respeitado o devido processo legal.

Ademais, tratando-se de hipótese contrária, significando dizer que o reclamante mesmo diante de uma demanda de até 40 salários mínimos escolha por ajuizar sua ação no rito ordinário, trata-se de uma situação que não prejudicará o direito de defesa da reclamada, não encontrando vedação no ordenamento jurídico brasileiro e tampouco violando o devido processo legal, sendo uma hipótese que deve ser permitida pelo magistrado.

3.3 Modificação da competência

A competência relativa poderá ser modificada em razão da prorrogação, da conexão e da continência. A competência absoluta, em qualquer hipótese, não admite a sua modificação.

A prorrogação é a ampliação do espectro tangencial da competência de determinado órgão jurisdicional que inicialmente não seria o competente para o julgamento da demanda ordinariamente, porém diante da omissão do réu que deixou de apresentar a exceção de incompetência territorial no prazo de cinco dias e nos termos do art. 800 da Consolidação das Leis do Trabalho o juízo que seria o incompetente (local em que o autor ajuizou a demanda) tornou-se competente.

A conexão encontra-se prevista no art. 55 do Código de Processo Civil, sendo que ocorre quando duas ou mais ações tiverem em comum o pedido ou a causa de pedir. Nos termos do art. 55, §2º, do Código de Processo Civil, também são consideradas como conexas a execução de título extrajudicial e a ação de conhecimento relativa ao mesmo ato jurídico, bem como as execuções fundadas no mesmo título executivo.

Ocorrida a conexão, os autos obrigatoriamente serão reunidos para que sejam decididos simultaneamente, efetivando os princípios da economia processual e da igualdade. Não será realizado o apensamento se em algum deles já tiver sido proferida uma sentença de mérito, *ex vi* art. 55, § 1º, do Código de Processo Civil.

Tratando-se de competência absoluta, inobstante não seja possível ocorrer a conexão, o art. 55, § 3º, do Código de Processo Civil, autoriza o juiz determinar a reunião dos processos caso exista o risco de prolação de decisões conflitantes ou contraditórias caso sejam decididos separadamente; ou então poderá o magistrado em hipótese de prejudicialidade extrema determinar a suspensão de um dos processos e não a reunião dos processos, nos termos do art. 313, V, do Código de Processo Civil.

Haverá continência quando duas ou mais ações foram idênticas quanto às partes e à causa de pedir, mas o pedido de uma, por ser mais amplo, abrange o da(s) outra(s), conforme previsão do art. 56 do Código de Processo Civil. A ação mais ampla, que abrange o pedido da outra, é denominada de ação continente, ao passo que a ação que é abrangida é denominada de ação contida.

O art. 57 do Código de Processo Civil determina que, caso a ação continente seja ajuizada após a ação contida, será hipótese de reunião dos processos, que ensejará a modificação da competência. Nesse caso o juízo prevento será o competente para julgar ambas as demandas. Caso a ação contida seja ajuizada após a ação continente, aquela deverá ser extinta sem resolução do mérito.

O juízo prevento é aquele juízo em que chegou a primeira ação, passando assim a ser o competente para julgar as demais ações. O art. 59 do Código de Processo Civil considera como prevento o juízo em que a foi distribuída a primeira ação, exigindo que os demais processos sejam reunidos onde foi distribuída a primeira ação.

Mauro Schiavi assim leciona:

> No processo do trabalho, como não há despacho de recebimento da petição inicial, sendo a marcação de audiência e a notificação inicial do reclamado atos da Secretaria (art. 841 da CLT), os efeitos da prevenção ocorrem com a simples propositura da ação, sendo o juízo prevento aquele em que a primeira ação fora distribuída em primeiro lugar. O art. 59 do CPC atual consagra a mesma sistemática[21].

E ainda:

> Havendo conexão, continência ou prevenção entre demandas as quais figurem as mesmas partes nos polos ativo e passivo, haverá a distribuição por dependência, estando prevento o juízo que recebeu a primeira

---

[21] SCHIAVI, Mauro. *Manual de Direito Processual do Trabalho*. 14. ed. São Paulo: LTr, 2018, p. 339.

> demanda, nos termos do art. 286 do CPC, aplicável subsidiariamente ao processo do trabalho, por força do art. 796 da CLT[22].

Muito embora cada um dos institutos da conexão, continência ou prevenção tenham suas próprias particularidades previstas em lei, entre elas existe uma linha que as costura e as une, interligando-as ao ponto de ensejarem o mesmo efeito corolário: a distribuição por dependência. A similitude é a segurança jurídica consubstanciada no princípio da igualdade, evitando assim julgamentos contraditórios em ações que possuem as mesmas partes, causas de pedir ou pedidos (ou que sejam mais amplos, que englobam os demais) advindos de uma mesma relação jurídica.

Um exemplo desta contextualização é quando a empresa ajuíza uma ação de consignação em pagamento desejando pagar as verbas rescisórias e o trabalhador logo após ajuíza uma ação trabalhista em uma outra Vara do Trabalho requerendo o recebimento de seus consectários direitos trabalhistas. Nesse caso o juízo prevento é o juízo que recebeu a ação de consignação em pagamento, pelo fato dela ter sido ajuizada anteriormente, devendo os autos da ação trabalhista serem remetidos para a Vara do Trabalho em que tramitam os autos da ação de consignação em pagamento, porquanto deveria o trabalhador ter ajuizado sua demanda por dependência nesta Vara do Trabalho.

---

[22] SCHIAVI, Mauro. *Manual de Direito Processual do Trabalho*. 14. ed. São Paulo: LTr, 2018, p. 339.

COMPETÊNCIA TRABALHISTA

A competência trabalhista encontra-se estabelecida na Constituição Federal, na Consolidação das Leis do Trabalho, no Código de Processo Civil e nos Regimentos Internos do Tribunal Superior do Trabalho e dos Tribunais Regionais do Trabalho, englobando diversos critérios e classificações.

No espectro constitucional, destaca-se o art. 114 da Constituição Federal, e no infraconstitucional os art. 651, 652 e 852-A da Consolidação das Leis do Trabalho. O Código de Processo Civil é utilizado de maneira subsidiária (quando a omissão trabalhista for holística) e supletiva (quando a omissão trabalhista for parcial), conforme arts. 15 do Código de Processo Civil e 769 da Consolidação das Leis do Trabalho, devendo sempre a norma do estuário processual civil ser compatível com as normas processuais trabalhistas.

Assim, nesse complexo normativo serão encontradas as competências material, funcional, em razão da pessoa, do valor e territorial aplicáveis nos Direito Processual do Trabalho.

Giuseppe Chiovenda ensina que a fixação da competência decorre da tríade composta por: 1) critério objetivo (competência em razão da causa ou competência em razão da matéria); 2) critério funcional e 3) critério territorial[23].

A partir da delimitação da competência o intérprete alcançará o órgão do Poder Judiciário Trabalhista competente para julgar a demanda, que por seu turno proferirá uma decisão válida.

O Regimento Interno do Tribunal Superior do Trabalho é a Resolução Administrativa nº 1.937/2017, aprovado pelo Tribuna Pleno do Tribunal Superior do Trabalho, sendo que no Capítulo II regulamenta especificamente a competência da Corte Máxima trabalhista brasileira[24].

4.1 Da competência constitucional trabalhista

4.1.1 Controvérsias oriundas e decorrentes da relação de trabalho

O art. 114, I, da Constituição Federal estabelece a competência da Justiça do Trabalho para apreciar e julgar as demandas advindas das relações de trabalho.

Trabalho é toda e qualquer atividade humana em que uma pessoa natural realiza serviço, obra ou trabalho intelectual para outro mediante o pagamento de uma contraprestação. O trabalho se torna

---

[23] CHIOVENDA, Giuseppe. *Instituições de Direito Processual Civil*, V. II, 3. ed. Campinas: Bookseller, 2002, p. 184.

[24] Regimento Interno do Tribunal Superior do Trabalho. Disponível em: https://juslaboris.tst.jus.br/bitstream/handle/20.500.12178/116169/2017_ra1937_ri_tst_rep01_livro_compilado.pdf?sequence=24&isAllowed=y . Acesso em: 23/03/2022.

um vínculo jurídico a partir desse viés sinalagmático, alcançando assim o status de uma relação de trabalho.

Sabido e ressabido por todos que relação de trabalho é o gênero, ao passo que relação de emprego (urbana, rural, doméstica e pública) é uma espécie, assim como também são o autônomo (Código Civil), eventual (Código Civil), o avulso (Lei nº 12.815/13), o desportista (Lei nº 9.615/98), o artista (Lei nº 6.533/78), o servidor público (Lei nº 8.112/90) e o estagiário (Lei nº 11.788/08).

Através de um estudo histórico das Constituições de 1934, 1946 e 1967 e até mesmo da Constituição da República, antes da Emenda Constitucional nº 45/04, que ensejou a atual redação ao art. 114, percebe-se que a competência da Justiça do Trabalho era em razão da pessoa – porquanto estabeleciam expressamente: trabalhadores e empregadores[25].

Através da Emenda Constitucional nº 45/2004, o art. 144, I, da Constituição Federal ganhou nova redação e passou a constar que compete à Justiça do Trabalho processar e julgar: "*às ações oriundas da relação de relação de trabalho, abrangidos os entes de direito público externo e da Administração Pública direta e indireta da União, dos Estados, do Distrito Federal e dos Municípios*".

Portanto, o atual texto do art. 114, I, da Constituição Federal, deixou de fazer alusão às controvérsias entre trabalhadores e empregadores, para mencionar relação de trabalho, independentemente das pessoas envolvidas no litígio. Por isso, ele mudou a competência da Justiça do Trabalho que antes era em razão da pessoa, para ser em razão

[25] Antes da EC/45, o art. 114 da CF/88, estabelecia: compete à Justiça do Trabalho conciliar e julgar os dissídios individuais e coletivos entre trabalhadores e empregadores, abrangidos os entes de direito público externo da administração pública direta e indireta dos Municípios, do Distrito Federal, dos Estados e da União, e, na forma da lei, outras controvérsias oriundas da relação de trabalho, bem como litígios que tenham origem no cumprimento de suas próprias sentenças, inclusive coletivas.

da matéria, e com isso o espectro tangencial juslaboral aumentou consideravelmente.

Acontece que nem todas as matérias que figuram no bojo ou que sejam efeitos corolários da relação de trabalho encontram-se sob a égide da Justiça do Trabalho, como é o caso das relações de consumo, ações penais, representantes comerciais, trabalho nos presídios, servidores públicos estatutários e temporários e as organizações ou organismos internacionais.

4.1.1.1 Relações de consumo

Um dos grandes temas controversos da competência trabalhista é justamente a que envolve as relações de consumo, pairando as seguintes hipóteses: a Justiça do Trabalho seria competente para julgar as demandas apresentadas pelo trabalhador e também as propostas pelo consumidor; ou a Justiça do Trabalho seria competente para julgar somente as ações ajuizadas pelo trabalhador em face do consumidor; ou a Justiça do Trabalho não seria competente para julgar qualquer demanda envolvendo trabalhador e consumidor.

Diversos entendimentos circularam sobre estes três ângulos, sendo que tem prevalecido o último, fazendo com que a Justiça do Trabalho não tenha competência para julgar as demandas advindas das relações entre o trabalhador e o consumidor.

Tanto é assim que o Superior Tribunal de Justiça editou a Súmula nº 363 determinando que compete à Justiça Estadual processar e julgar a ação de cobrança ajuizada por profissional liberal contra o cliente.

A fundamentação para esse entendimento é de que nessa relação o trabalhador não é a parte fraca, mas sim a forte, diante da fragilidade do consumidor perante a ele, sendo o consumidor a parte hipossuficiente.

Neste bojo panorâmico encontram-se os honorários advocatícios contratuais, regulamentados pela Lei nº 8.906/94, decorrentes da relação de prestação de serviços firmada entre o advogado e seu cliente, de natureza contratual, fruto da comunhão de vontades das partes, são de competência da Justiça Estadual; ao passo que os honorários sucumbenciais são de competência da Justiça do Trabalho, com previsão no art. 791-A, da Consolidação das Leis do Trabalho.

O Superior Tribunal de Justiça entende que na relação entre o advogado e o cliente não se aplica o Código de Defesa do Consumidor, mas sim o Estatuto da Ordem dos Advogados do Brasil (Lei nº 8.906/1994)[26].

Quanto aos honorários advocatícios, destaca-se que é de Competência da Justiça do Trabalho se advindos de uma ação trabalhista, podem ser discutidos nos mesmos autos desta ou então uma ação própria, *ex vi* art. 85, § 18, do Código de Processo Civil.

4.1.1.2 Ações penais

Outro tema muito polêmico que gravitou acerca da competência trabalhista a partir da Emenda Constitucional foi se a Justiça do Trabalho teria competência para julgar as ações penais advindas das relações de trabalho.

O Supremo Tribunal Federal analisando a Ação Direta de Inconstitucionalidade nº 3.684 deferiu a liminar e afastou a competência da Justiça do Trabalho para o julgamento das todas e quaisquer ações penais advindas das relações de trabalho, até mesmo os crimes contra a organização do trabalho[27].

---

[26] Superior Tribunal de Justiça, REsp 1.134.889/PE, Rel. Ministro Honildo Amaral de Mello Castro (Desembargador Convocado do Tribunal de Justiça de Amapá), 4ª Turma, j. em 23/03/2010.

[27] Supremo Tribunal Federal, ADI 3.684, Plenário, Rel. Ministro Gilmar Mendes, j. 11/05/2020.

Cumpre destacar que inobstante a Justiça do Trabalho seja incompetente para apreciar e julgar os crimes e infrações penais decorrentes das relações de trabalho, as sentenças proferidas pela Justiça Estadual ou Federal repercutem efeitos no Direito e no Processo do Trabalho, vez que poderão ser utilizadas pelo empregado para obter a rescisão indireta, bem como pleitear a devida indenização, como é o caso no crime de perseguição (*stalking*), no de assédio sexual e no de trabalho análogo ao de escravo.

Nesse julgamento o Ministro Cezar Peluso ressaltou que anteriormente o próprio Poder Legislativo rejeitou a competência penal trabalhista durante o processo legislativo da Proposto da Emenda à Constituição (PEC) nº 29/2000, que tinha como objetivo incluir na competência da Justiça do Trabalho o julgamento de infrações penais praticadas contra a organização do trabalho ou contra a administração da própria Justiça do Trabalho.

Em 11 de maio de 2020 a liminar foi confirmada pelo Plenário do Supremo Tribunal Federal, afastando do espectro da Justiça do Trabalho qualquer interpretação para processar e julgar ações penais.

Por isso, quando durante uma instrução processual de uma ação trabalhista o magistrado estiver diante de um ilícito penal deverá comunicar o Ministério Público Estadual ou o Ministério Público Federal para a apuração de eventual instauração de ação penal.

4.1.1.3 Trabalho nos presídios

A Justiça do Trabalho não possui competência para processar e julgar as ações trabalhistas advindas do trabalho realizado nos presídios a título de cumprimento da pena, vez que essa relação jurídica é regida pela Lei de Execução Penal (Lei nº 7.210/1984). A relação do presidiário é com o Estado, atraindo assim a competência da Justiça Comum[28].

O Tribunal Superior do Trabalho entende que o trabalho do condenado não é regido pela Consolidação das Leis do Trabalho, mas sim pela Lei de Execução Penal, que em seu art. 28 é taxativo em determinar que o esse labor tem como finalidade educativa e produtiva e que não se encontra sob a égide da Consolidação das Leis do Trabalho, elencando direitos referentes à remuneração, jornada de trabalho interno e externo e outras matérias[29].

4.1.1.4 Representantes comerciais

A Lei nº 4.886/1965 regulamenta o representante comercial, permitindo que ele seja uma pessoa física ou jurídica, bem como estabelece que a Justiça Estadual é o órgão competente para processar e julgar as demandas envolvendo representantes e representados.

Acontece que com o advento da Emenda Constitucional nº 45/04 o Tribunal Superior do Trabalho firmou o entendimento de que, sendo o representante uma pessoa física, a competência para julgar o feito seria da Justiça do Trabalho, vez que inserida no bojo das relações de emprego; situação diametralmente oposta se o representante fosse uma pessoa jurídica, hipótese em que a competência permaneceria na Justiça Estadual.

---

[28] NUNES, Victória de Oliveira; ROCHA, Cláudio Iannotti da. As Parcerias Público-Privadas no Sistema Prisional e a Garantia de Trabalho Digno ao Apenado. *Revista Magister de Direito Penal e Processo Penal*, XVIII, nº 105, 2022, p. 104-119.

[29] Tribunal Superior do Trabalho, RR 1009-10.2011.5.09.0010, 5ª Turma, Rel. Ministro Douglas Alencar Rodrigues, j. 09/08/2019.

Acontece que em 26 de setembro de 2020, no julgamento do Recurso Extraordinário nº 606003[30], o Supremo Tribunal Federal reconheceu a repercussão geral da matéria e constituiu o Tema nº 550[31], decidindo que a competência para julgar representante comercial pessoa física e jurídica pertence a Justiça Comum, porquanto não se trata de relação de trabalho e nem de emprego, mas sim de uma relação comercial típica, de natureza empresarial e mercantil.

Nesse sentido, inexiste entre as partes vínculo de emprego ou relação de trabalho, mas relação comercial regida por legislação especial (Lei nº 4.886/1965).

4.1.1.5 Entes de direito público externo

A parte final do art. 114, I, da Constituição Federal estabelece que a Justiça do Trabalho é competente para processar e julgar as ações oriundas da relação de trabalho, abrangidos os entes de direito público externo.

Os sujeitos do direito público externo são os Estados estrangeiros, inclusive as embaixadas e as repartições consulares e os organismos internacionais (Organização das Nações Unidas – ONU, Organização Internacional do Trabalho – OIT, Organização Mundial do Comércio - OMC, Organização do Tratando do Atlântico Norte – OTAN, Fundo Monetário Internacional – FMI, e Organização para Cooperação e Desenvolvimento Econômico – OCDE).

---

[30] Supremo Tribunal Federal, RE 606.003 (Tema 550). Red. Ministro Luís Roberto Barroso. j. 26/09/2020.

[31] Preenchidos os requisitos dispostos na Lei 4.886/65, compete à Justiça Comum o julgamento de processos envolvendo relação jurídica entre representante e representada comerciais, uma vez que não há relação de trabalho entre as partes.

Quanto aos Estados estrangeiros, o Supremo Tribunal Federal[32] entende que esses possuem somente imunidade absoluta de jurisdição decorrentes de ato de império, sendo aqueles atos praticados no exercício de suas prerrogativas soberanas – como é caso de concessão de visto e atos legislativos do estado estrangeiro. Nessas hipóteses, o Poder Judiciário brasileiro não possui competência para julgar o Estado estrangeiro.

No que diz respeito aos atos de gestão, o Supremo Tribunal Federal entende que os Estados estrangeiros possuem imunidade relativa de jurisdição, porquanto não possuem imunidade de fase de conhecimento, mas possuem na fase de execução. Os Estados estrangeiros podem ser julgados pelo Poder Judiciário brasileiro, porquanto são atos praticados pelo Estado estrangeiro na qualidade de particular, atuando em matéria de ordem estritamente privada – contratando empregados, adquirindo materiais e bens e pactuando contratos de prestações de serviços. Porém não podem ser executados pelo Poder Judiciário brasileiro, não podendo lhe ser direcionado nenhum ato de restrição de dinheiro ou bens, sob pena de caracterizar pena de indevida invasão de privacidade no Estado estrangeiro. Nesse caso deverá ser expedida carta rogatória para o pagamento pelo Estado estrangeiro.

Assim, sempre que um Estado estrangeiro contratar um empregado, a Justiça do Trabalho brasileira terá competência para analisar e processar a demanda, vez que nesse caso o Estado Estrangeiro praticou um ato de gestão, atuando na qualidade de particular; porém não poderá ser executado, devendo a Justiça do

---

[32] Supremo Tribunal Federal, RE 222.368-4, 2ª Turma, Rel. Ministro Celso de Mello, j. 30/04/2002.

Trabalho expedir uma carta rogatória para o devido e respectivo pagamento.

Existem duas hipóteses excepcionais em que o Supremo Tribunal Federal permite o Estado estrangeiro sofrer execução, sendo elas: 1) quando o Estado estrangeiro renunciar à intangibilidade de seus próprios bens; e 2) quando houver no território brasileiro bens que, embora pertencentes ao ente externo, não tenham nenhuma vinculação com as finalidades essenciais. Inerentes às relações diplomáticas ou representações consultes mantidas no Brasil.

Quanto aos organismos internacionais, o Tribunal Superior do Trabalho entende possuem imunidade absoluta de jurisdição, nos termos da Orientação Jurisprudencial nº 416 da Subseção I da Seção Especializada de Dissídios Individuais Trabalhistas, que assim estabelece:

> Imunidade de Jurisdição. Organização ou organismo internacional. As organizações ou organismos internacionais gozam de imunidade absoluta de jurisdição quando amparados por norma internacional incorporada ao ordenamento jurídico brasileiro, não se lhes aplicando a regra do Direito Consuetudinário relativa à natureza dos atos praticados. Excepcionalmente, prevalecerá a jurisdição brasileira na hipótese de renúncia expressa à cláusula de imunidade jurisdicional.

Assim, as organizações ou organismos internacionais não podem nem ser julgadas (fase de conhecimento) e nem executadas (fase de execução) pela Justiça do Trabalho brasileira, diante da imunidade de jurisdição plena que possuem decorrentes do direito convencional, salvo se as organizações ou organismos internacionais expressamente, renunciarem a imunidade a eles conferidos.

Em síntese, em matéria trabalhista (ato de gestão), os Estados estrangeiros não possuem imunidade de jurisdição, podendo ser julgados pela Justiça do Trabalho, mas não podem ser executados (devendo ser expedida carta rogatória); ao passo que organizações ou organismos internacionais possuem imunidade absoluta de jurisdição.

Importante destacar a diferença entre os fundamentos das imunidades de jurisdição dos Estados estrangeiros e das organizações internacionais. A dos Estados estrangeiros decorrem do direito consuetudinário e a das organizações internacionais originam-se de tratados internacionais, que integram o ordenamento jurídico pátrio depois de ratificados.

4.1.1.6 Servidores públicos

A Constituição Federal organiza a administração pública em dois grandes grupos, sendo eles: administração pública direta e administração pública indireta.

A administração pública direta é formada pela União, Estados, Municípios e Distrito Federal, enquanto a indireta abrange as fundações, autarquias, empresas públicas e sociedade de economia mista.

Quanto as empresas públicas e às sociedades de economia mista, o art. 173, II, da Constituição Federal estabelece que se encontram submetidas ao regime próprio das empresas privadas, e por isso contratam pelo regime celetista, assumindo os direitos e obrigações trabalhistas. Por isso, quanto a esses trabalhadores, que são empregados, a competência é da Justiça do Trabalho para analisar e julgar as demandas.

No que diz respeito à União, aos Estados, aos Municípios, ao Distrito Federal, às fundações e às autarquias, o Supremo Tribunal Federal entende que os vínculos podem ocorrem em três espécies:

1) relação estatutária, 2) relação de emprego; e 3) relação de caráter jurídico-administrativa.

O Supremo Tribunal Federal pacificou o entendimento de que a Justiça do Trabalho somente possui competência para processar e julgar as demandas que envolvem os empregados públicos quando a administração pública adota o regime celetista para os servidores, não tendo competência para julgar a relação estatutária e nem a relação de caráter jurídico-administrativa.

O servidor público estatutário, conforme art. 37, II, da Constituição Federal, é aquele aprovado em concurso público de provas ou de provas e títulos, sendo que seu vínculo com a administração pública é estatutário, adquirindo a estabilidade decorridos os três anos de efetivo exercício, *ex vi* art. 41 da Constituição Federal, atuando diretamente com a administração pública em cargos estabelecidos a partir da necessidade de pessoal comprovada por meio de leis próprias para esse tipo de provimento, sendo que o federal é regulamentado pela Lei nº 8.112/1990. O contrato de trabalho do servidor temporário federal é regulamentado pela Lei nº 8.745/1993, sendo que cada Estado e Município possuem suas respectivas leis próprias para regulamentar esse vínculo constitucional-administrativo, sendo obrigatório que cada ente federado crie a sua lei sobre a contratação temporária.

O servidor temporário é aquele que não apresenta vínculo direto com cargos públicos e tem sua ocupação determinada por período limitado, sendo admitido por meio de processo seletivo simplificado, conforme interesse e necessidade das instituições públicas, sendo contratado para atender a necessidade temporária de excepcional interesse público, nos termos do art. 37, IX, da Constituição Federal. Sua relação é de caráter jurídico-administrativa, e por isso a competência para julgar a demanda é da Justiça Comum[33].

Será competência da Justiça Comum processar e julgar a demanda em que se discute o desvirtuamento do contrato temporário ou o contrato faça remissão a direitos da Consolidação das Leis do Trabalho, tendo em vista que a relação do servidor com é constitucional-administrativa com o Estado[34].

O empregado público, nos termos do art. 37, II, da Constituição Federal, é aquele admitido mediante concurso público ou contratado para exercer cargo de confiança de livre nomeação e exoneração (cargo em comissão), sendo que em ambas as hipóteses o contrato de trabalho é regido pela Consolidação das Leis do Trabalho e vinculadas ao regime geral de previdência social. O empregado aprovado com concurso público encontra-se sujeito às regras constitucionais de cumulação de cargos e não possui estabilidade se pertencer ao quadro uma empresa pública ou sociedade de economia mista, porém sendo da administração pública direta, autárquica e fundacional, conforme Súmula nº 390, I e II, do Tribunal Superior do Trabalho terá a estabilidade do art. 41 da Constituição Federal. Destaca-se ainda que a despedida de empregado de empresa pública e de sociedade de economia mista, mesmo admitidos por concurso público, independe de ato motivado para sua validade; salvo quanto ao empregado Empresa Brasileira de Correios e Telégrafos (ECT), em que a validade do ato de sua despedida do está condicionada à motivação, por gozar a empresa do mesmo tratamento destinado à Fazenda Pública em relação à imunidade

---

33 Supremo Tribunal Federal, RE 573.202-9, Plenário, Rel. Ministro Ricardo Lewandowski, j. 11/04/2008.

34 Superior Tribunal de Justiça, AgRg CC 138.009, 1ª Turma, Rel. Ministro Sérgio Kukina, j. 25/03/2015.

tributária e à execução por precatório, além das prerrogativas de foro, prazos e custas processuais, conforme Orientação Jurisprudencial nº 247, da Subseção I da Seção Especializada em Dissídios Individuais do Tribunal Superior do Trabalho.

Caso a administração pública contrate empregado público para exercer cargo de confiança de livre nomeação e exoneração em regime estatutário, nesse caso a competência será da Justiça Comum, nos termos da Súmula nº 218 do Superior Tribunal de Justiça, que determina que compete à Justiça dos Estados processar e julgar ação de servidor estadual decorrente de direitos e vantagens estatutária no exercício de cargo em comissão.

O Supremo Tribunal Federal decidiu em 2017, no Agravo em Recurso Extraordinário, autos nº 809.482, que a competência é da Justiça Comum a análise e o julgamento da validade da exoneração do empregado público em estágio probatório, por se tratar de validade de ato administrativo, considerando sua natureza jurídica constitucional-administrativa e não trabalhista, afastando assim a competência da Justiça do Trabalho para julgar a demanda[35].

O Superior Tribunal de Justiça estabelece através da Súmula nº 137 que: "*Compete à Justiça Comum Estadual processar e julgar ação de servidor público municipal pleiteando direitos relativos ao vínculo estatutário*".

Nesse sentido, tratando-se de servidores públicos federais estatutários cabe à Justiça Federal processar e julgar a demanda; e caso sejam servidores públicos estaduais estatutários a competência é da Justiça Estadual.

---

[35] Supremo Tribunal Federal, ARE 809482, AgR, 1ª Turma, Rel. Ministro Luís Roberto Barroso, j. 17/03/2017.

O Plenário do Supremo Tribunal Federal no julgamento do Recurso Extraordinário nº 655.283, com repercussão geral fixou a seguinte tese no Tema nº 606:

> A natureza do ato de demissão de empregado público é constitucional-administrativa e não trabalhista, o que atrai a competência da Justiça comum para julgar a questão. A concessão de aposentadoria aos empregados públicos inviabiliza a permanência no emprego, nos termos do art. 37, § 14, da Constituição Federal, salvo para as aposentadorias concedidas pelo Regime Geral de Previdência Social até a data de entrada em vigor da Emenda Constitucional nº 103/09, nos termos do que dispõe seu art. 6º.[36]

Através desse precedente ficou determinada a competência da Justiça Comum (federal ou estadual) para julgar a legalidade da dispensa ou da reintegração de empregados públicos em decorrência de sua aposentadoria; e, também ficou definido que a concessão de aposentadoria encerra o vínculo empregatício, exceto para os empregados que tenham se aposentado pelo Regime Geral de Previdência Social até a entrada em vigor da Emenda Constitucional nº 103/2019.

Importante destacar que após a inclusão do art. 37, § 14, na Constituição Federal, advindo da Emenda Constitucional nº 103/2019, a aposentadoria faz cessar o vínculo ao cargo, emprego ou função pública cujo tempo de contribuição embasou a passagem do servidor ou do empregado público para a inatividade, inclusive quando realizada sob o Regime Geral da Previdência Social, salvo nos casos

---

[36] Supremo Tribunal Federal, RE 655283, Plenário, Rel. Ministro Marco Aurélio, j. 16/06/2021.

das aposentadorias já concedidas pelo Regime Geral da Previdência Social até a data de entrada em vigor da Emenda Constitucional nº 103/2019. Portanto, a concessão de aposentadoria, com utilização do tempo de contribuição, leva ao rompimento do vínculo constitucional-administrativo e trabalhista; e que tratando-se de aposentadoria nos termos do Regime Geral da Previdência Social antes da promulgação da Emenda Constitucional nº 103/2019, é possível a manutenção do vínculo trabalhista de empregado público aposentado, com a acumulação dos proventos com o salário.

No julgamento do Recurso Extraordinário nº 960.429, com repercussão geral, o Supremo Tribunal Federal fixou a seguinte tese no Tema nº 992:

> Compete à Justiça Comum processar e julgar controvérsias relacionadas à fase pré-contratual de seleção e de admissão de pessoal e eventual nulidade do certame em face da Administração Pública, direta e indireta, nas hipóteses em que adotado o regime celetista de contratação de pessoas, salvo quando a sentença de mérito tiver sido proferida antes de 6 de junho de 2018, situação em que, até o trânsito em julgado e a sua execução, a competência continuará a ser da Justiça do Trabalho.[37]

Assim, o Supremo Tribunal Federal estabeleceu um marco temporal para a competência da Justiça Comum (federal ou estadual) para processar e julgar ações ajuizadas por candidatos e empregados públicos na fase pré-contratual, a fim de discutir critérios para a seleção e a admissão em empresas públicas. De acordo com a modulação, os processos que tiveram decisão de mérito (sentença) até 06/06/2018,

---

[37] Supremo Tribunal Federal, RE 960429, Plenário, Rel. Ministro Gilmar Mendes, j. 05/03/2020.

data em que foi determinada a suspensão geral dos casos com o mesmo tema, permanecem na competência da Justiça do Trabalho até o trânsito em julgado e a sua execução.

Ainda em 2020 no julgamento da Ação Direta de Inconstitucionalidade nº 3.395, o Supremo Tribunal Federal julgou o mérito da demanda e referendou a decisão liminar proferida em 2005, e determinou que compete a Justiça Comum Federal e Estadual julgar os servidores públicos estatutários (federais, estaduais, municipais e distritais), porquanto trata-se de vínculo jurídico-administrativo e não empregatício; o mesmo ocorrendo os servidores públicos temporários, previstos no art. 37, IX, da Constituição Federal.[38]

A *ratio decidendi* desse julgamento é que o art. 114, I, da Constituição Federal, com redação dada pela Emenda Constitucional nº 45/2004, não engloba a competência para julgar servidor público de regime jurídico administrativo, de ordem estatutária.

Também no ano de 2020, no julgamento do Recurso Extraordinário nº 1.089.282, com repercussão geral, o Supremo Tribunal Federal fixou a seguinte tese no Tema nº 994: "*Compete à Justiça comum processar e julgar demandas em que se discute o recolhimento e o repasse de contribuição sindical de servidores públicos regidos pelo regime estatutário*"[39].

Assim, o recolhimento e do repasse da contribuição sindical de servidores públicos regidos pelo regime estatutário são matérias de competência da Justiça Comum.

O precedente constituído nesses autos decorreu justamente da decisão proferida na Ação Direta de Inconstitucionalidade nº 3.395, que

---

[38] Supremo Tribunal Federal, ADI 3.395, Plenário, Rel. Ministro Alexandre de Moraes, j. 15/04/2020.

[39] Supremo Tribunal Federal, RE 1.089.282, Plenário, Rel. Ministro Gilmar Mendes, j. 07/12/2020.

afastou a competência da Justiça do Trabalho para apreciação de causas instauradas entre o Poder Público e os servidores a ele vinculados por relação de ordem estatutária ou jurídico-administrativa. Por isso, o Supremo Tribunal Federal entendeu que o art. 114, III, da Constituição também não abrange os servidores públicos e corolário lógico o recolhimento e do repasse da contribuição sindical desses trabalhadores regidos pelo regime estatutário são matérias de competência da Justiça Comum e não da Justiça do Trabalho.

Em 2021, o Superior Tribunal de Justiça através da 1ª Seção do Superior Tribunal de Justiça no julgamento de Conflito de Competência, autos nº 147.784, superou o entendimento da Súmula nº 222 do Superior Tribunal de Justiça e decidiu que é atribuição da Justiça Comum julgar as ações que envolvem contribuição sindical de servidores públicos estatutários e, no caso dos celetistas (servidores ou não), a competência é da Justiça do Trabalho[40].

Em 2017, o Supremo Tribunal Federal através da tese fixada no Tema nº 544, no julgamento do Recurso Extraordinário nº 846.854, de repercussão geral, assim posicionou-se:

> A Justiça Comum Federal ou Estadual é competente para julgar a abusividade de greve de servidores públicos celetistas da administração direta, autarquias e fundações de direito público. Portanto, não cabe à Justiça do Trabalho julgar a abusividade da greve dos servidores públicos estatutários e celetistas da administração direta, autarquias e fundações de direito público.[41]

---

[40] Superior Tribunal de Justiça, CC 147.784, Plenário, Rel. Ministro Mauro Campbell Marques, j. 24/03/2021.

[41] Supremo Tribunal Federal, RE 846.854, Plenário, Rel. Ministro Luiz Fux, j. 01/08/2017.

Caso a administração pública altere o regime do vínculo jurídico, alterando de celetista para estatutário, especialmente em decorrência do regime único dos servidores públicos, conforme Orientação Jurisprudencial nº 138, da Subseção I da Seção Especializada em Dissídios Individuais do Tribunal Superior do Trabalho, a competência da Justiça do Trabalho encontra-se limitada ao período celetista.

4.1.2 Outras controvérsias decorrentes da relação de trabalho

O art. 114, IX, da Constituição Federal estabelece que a Justiça do Trabalho é competente para processar e julgar "*outras controvérsias decorrentes da relação de trabalho*", tratando-se de uma dilatação da competência juslaboral, até porque nos exatos termos de Maximiliano, a lei não contém palavras inúteis.

Assim, a Justiça do Trabalho é competente materialmente para aplicar multas administrativas, de ofício, nas decisões de meio ambiente de trabalho; executar de ofício o imposto de renda das decisões que proferir; decidir sobre o cadastramento do empregado no PIS e outros.

4.1.2.1 Meio ambiente do trabalho

O meio ambiente de trabalho é tudo que envolve e que cerca o trabalhador durante sua jornada de trabalho direta e indiretamente, aglutinando o ar, o som, o visual, a comida, os instrumentos de trabalho, os alimentos ingeridos, os produtos utilizados, a forma de tratamento verbal e emocional e tudo mais que esteja na realização do seu labor e que esteja em seu contorno envolvendo a sua segurança, higiene e saúde física e mental.

O meio ambiente do trabalho é o principal tema do Direito do Trabalho e por isso cabe à Justiça do Trabalho tutelá-lo de maneira adequada, tempestiva, satisfativa para que as trabalhadoras e trabalhadores tenham protegido um meio ambiente do trabalho verde, significando dizer hígido, sustentável, saudável e seguro holisticamente, tutelando a saúde física e mental de todas e de todos, inclusive, de maneira inibitória.

A Súmula nº 736 do Supremo Tribunal Federal reconhece e estabelece a competência compete à Justiça do Trabalho julgar as ações que tenham como causa de pedir o descumprimento de normas trabalhistas relativas à segurança, higiene e saúde dos trabalhadores.

O Supremo Tribunal Federal pacificou o entendimento de que compete à Justiça do Trabalho julgar as ações que tenham como causa de pedir o descumprimento de normas trabalhistas relativas à saúde, a segurança e a higiene dos trabalhadores, alcançando, inclusive, a competência em ação civil pública cuja origem diga respeito ao cumprimento de normas relativas à higiene, saúde e segurança dos trabalhadores estatutários e celetistas, fundamentando que tutelar o meio ambiente de trabalho é reconhecer que é um direito uno e indivisível, não merecendo repartição[42]. Inclusive, em sede de Reclamação Constitucional, proferiu decisão em 2016 reconheceu-se a competência da Justiça do Trabalho para julgar meio ambiente em hospital público que possuía trabalhadores estatutários e celetistas[43].

Efetivando a Súmula nº 736 do Supremo Tribunal Federal, o Tribunal Superior do Trabalho vem decidindo acertadamente:

---

[42] Supremo Tribunal Federal, CC 7.204, Plenário, Rel. Ministro Ayres Britto, j. 09/12/2005. Supremo Tribunal Federal, AgR AI 416.463, 2ª Turma, Rel. Ministro Joaquim Barbosa, j. 22/06/2012.

[43] Supremo Tribunal Federal, AgR Recl 20.744, Plenário, Rel. Ministro Luís Roberto Barroso, j. 24/02/2016.

> Insere-se no âmbito da competência material da Justiça do Trabalho a apreciação e julgamento de ação civil pública ajuizada pelo Ministério Público do Trabalho, mediante a qual se formulam pedidos relativos à adequação do meio ambiente de trabalho em face de ente público para todos os trabalhadores, independentemente do vínculo jurídico laboral, inclusive para os servidores estatutários (Súmula 736 do STF. Precedentes desta Corte). Agregue-se, ademais, a constatação de que a Constituição da República, em seu conceito estruturante de Estado Democrático de Direito, concentra na Justiça do Trabalho (art. 114, I) as ações que o Ministério Público do Trabalho proponha contra a União, Estados, DF ou Municípios – e suas entidades públicas – visando à concentração do princípio constitucional da valorização do trabalho e do emprego, com a efetivação dos direitos fundamentais da pessoa humana, seja com respeito ao meio ambiente, seja com respeito a outros temas e dimensões correlatos, em busca de medidas concretas para o cumprimento real da ordem jurídica. Nessa linha, há precedente judicial desta 3ª Turma, envolvendo o Poder Público Municipal[44].

A Justiça do Trabalho possui competência para apreciar e julgar todas as demandas relativas ao meio ambiente do trabalho dos trabalhadores celetistas, estatutários, autônomos, avulsos e eventuais, diante da matéria saúde e segurança no trabalho.

Em nome do meio ambiente saudável e seguro a todo ser humano, tendo em vista que o ser humano é o epicentro de tudo. Ingo Wolfgang Sarlet e Tiago Fensterseifer ensinam e demonstram o fundamentalismo do Estado Socioambiental, que por seu turno significa a proteção ambiental a partir das lentes de teoria dos direitos fundamentais,

---

[44] Tribunal Superior do Trabalho, RR-75700-37.2010.5.16.0009, Rel. Ministro Maurício Godinho Delgado, j. 20/09/2013.

identificando uma dimensão ecológica juntamente com as dimensões social e histórico-cultural, entre outras, que conforma o conteúdo do princípio da dignidade da pessoa humana[45], previsto no art. 225 da Constituição da República e regulamentado no Plano Nacional do Meio Ambiente (Lei nº 6.938/1981). Afinal é direito de todos um meio ambiente ecologicamente equilibrado, para que tenham uma vida sadia, sendo obrigação solidária do Poder Público e da coletividade defendê-lo e preservá-lo para as presentes e futuras gerações.

4.1.2.2 Atleta de futebol e editora (direito de imagem)

O Superior Tribunal de Justiça decidiu em 2016, nos autos de Conflito de Competência 128.610[46], citando o precedente de Conflito de Competência 34.504[47], da Terceira Turma, de 2003, que é da competência da Justiça do Trabalho processar e julgar a ação de indenização ajuizada por atleta de futebol em face da editora discutindo o uso indevido da sua imagem em álbum de figurinhas quando, após a denunciação da lide ao clube de futebol, esse em sua defesa alegar e comprovar que recebeu autorização expressa do jogador para ceder o direito de uso de sua imagem no período de vigência do contrato de trabalho. A *ratio decidendi* foi de que o ponto fulcral é a existência ou não de prévio acordo entre o jogador e o clube de futebol (que no caso é o ex-empregador) envolvendo o direito do uso de imagem do atleta.

---

[45] SARLET, Ingo Wolfgang; FENSTERSEIFER, Tiago. Estado Socioambiental e Mínimo Existencial (ecológico?): algumas aproximações. *In:* FELICIANO, Guilherme Guimarães; SARLET, Ingo Wolfgang; MARANHÃO, Ney; FENSTERSEIFER, Tiago. *Direito Ambiental do Trabalho: apontamentos para uma teoria geral*. São Paulo: LTr, 2020, p. 16.

[46] Superior Tribunal de Justiça, CC 128.610, 2ª Seção, Rel. Ministro Raul Araújo, j. 22/06/2016.

[47] Superior Tribunal de Justiça, CC 34.504, 2ª Seção, Rel. Ministra Nancy Andrighi, j. 12/03/2003.

4.1.2.3 Cláusula penal prevista no contrato de cessão de direito de natureza civil que estabelecia permanência no emprego

A Subseção II da Seção Especializada de Dissídios Individuais do Tribunal Superior do Trabalho decidiu unanimemente em sede de Ação Rescisória com fulcro no art 966, inciso II, V e VIII, do Código de Processo Civil pela desconstituição de acórdão proferido pela 6ª Turma do Tribunal Superior do Trabalho em sede de recurso de revista nos autos nº 0025800-58.2009.5.24.0002, que havia declarado a competência da Justiça do Trabalho para executar a cláusula penal prevista no contrato de cessão de direito de natureza civil que estabelecia permanência no emprego. A *ratio decidendi* foi no sentido de que, muito embora tanto a cláusula de permanência civil quanto a cláusula penal resultante de seu descumprimento estejam previstas no contrato civil, elas advêm da relação de trabalho estabelecida no contrato firmado pelas partes e vinculado diretamente ao de natureza civil. Nesse contexto exsurge a competência da Justiça do Trabalho para apreciar e julgar o feito[48].

4.1.2.4 Plano de saúde de autogestão empresarial

O Superior Tribunal de Justiça decidiu o Incidente de Assunção de Competência 5, no julgamento do Recurso Especial nº 1.799.343[49], tendo selecionados, em agosto de 2020, o Conflito de Competência nº 165.863 e o Conflito de Competência nº 167.020, para a mesma controvérsia, que, inclusive, ficaram suspensos até o fim da instrução do Incidente. O tema, que envolvia a análise da competência da Justiça

---

[48] Tribunal Superior do Trabalho, AR - 1000480-72.2019.5.00.0000, Rel. Ministro Alexandre de Souza Agra Belmonte, j. 10/11/2020.

[49] Superior Tribunal de Justiça, IAC 165.863, 2ª Seção, Rel. Ministro Paulo de Tarso Sanseverino, j. 06/12/2019.

do Trabalho e da Justiça comum, tem gerado controvérsias entre os diversos tribunais brasileiros.

No julgamento o Ministro Relator asseverou ser mais adequada a discussão do assunto no âmbito de incidente de assunção de competência, uma vez que esse incidente possui uma força vinculante maior do que a do recurso repetitivo, na medida em que a Corte Superior pode revisar diretamente, via reclamação, decisões contrárias à tese fixada em Incidente de Assunção de Competência. Por isso, na instrução processual contou-se até mesmo com a participação de *amicus curiae* – do Sindicato dos Médicos do Paraná, da Unimed, da Federação Nacional de Saúde Suplementar e da Amil Assistência Médica Internacional.

A importância do Incidente de Assunção de Competência é tamanha que o art. 947 do Código de Processo Civil estabelece que é admissível a assunção de competência quando o julgamento de recurso, de remessa necessária ou de processo de competência originária envolver relevante questão de direito, com grande repercussão social, sem repetição em múltiplos processos, bem como quando ocorrer relevante questão de direito a respeito da qual seja conveniente a prevenção ou a composição de divergência entre câmaras ou turmas do tribunal. No julgamento de recurso, de remessa necessária ou de processo de competência originária, poderá ser proposto o incidente pelo relator ou pelo presidente, de ofício ou a requerimento da parte, do Ministério Público ou da Defensoria Pública, na forma prevista pelo ar. 271-B do Regimento Interno do Superior Tribunal de Justiça.

Após uma ampla e democrática instrução que permitiu um debate holístico acerca do tema de enorme relevância consumerista e trabalhista, a 2ª Seção do Superior Tribunal de Justiça decidiu que é da competência da Justiça do Trabalho julgar as ações sobre plano de saúde de autogestão empresarial vinculado ao contrato de trabalho. Caso o plano de saúde de autogestão não seja vinculado a contrato de trabalho a competência será da Justiça Comum.

Assim, a Segunda Seção do Superior Tribunal de Justiça, para os fins do incidente de assunção de competência, firmou-se a seguinte tese: Compete à Justiça comum julgar as demandas relativas a plano de saúde de autogestão empresarial, exceto quando o benefício for instituído por meio de convenção coletiva ou acordo coletivo de trabalho, hipótese em que a competência será da Justiça do Trabalho, ainda que figure como parte trabalhador aposentado ou dependente do trabalhador.

O precedente constituído pela Segunda Seção do Superior Tribunal de Justiça reafirmou o entendimento sufragado pela própria Segunda Seção no julgamento do Conflito de Competência nº 157.664, que declarou a competência da Justiça Comum para o processamento e julgamento de ação na qual se pleiteava a manutenção de beneficiário de plano de saúde coletivo nas mesmas condições de que gozava quando da vigência do contrato de trabalho. A *ratio decidendi* é de que se a demanda é movida com base em conflitos próprios da relação empregatícia ou do pagamento de verbas dela decorrentes, então a competência para seu julgamento será da Justiça do Trabalho, de acordo com o artigo 114, IX, da Constituição Federal; por outro lado, não havendo discussão sobre contrato de trabalho nem direitos trabalhistas, destaca-se a natureza eminentemente civil do pedido, o que atrai a competência da Justiça comum.

Ou seja, a competência da Justiça do Trabalho se restringe às hipóteses em que o plano de saúde de autogestão empresarial seja regulado em contrato de trabalho, em convenção coletiva ou acordo coletivo de trabalho, porque tal circunstância vincula o benefício ao contrato individual de trabalho e atrai a incidência da regra insculpida no artigo 1º da Lei 8.984/1995; nas demais hipóteses, entretanto, a competência será da Justiça Comum.

4.1.2.5 Execução de contribuições advindas dos acordos firmados perante a Comissão de Conciliação Prévia

A Comissão de Conciliação Prévia, com previsão legal no art. 652-A da Consolidação das Leis do Trabalho, é um órgão de composição paritário, com atribuição de conciliar conflito individual trabalhista, de caráter privado e facultativo, onde se busca a conciliação de empregado e empregador sem a interferência do poder estatal, podendo ser constituída no âmbito sindical ou no âmbito das empresas.

As Comissões de Conciliação Prévia podem ser divididas em: (a) de empresa, as que são constituídas na empresa, valendo para seus empregados; (b) de grupo de empresas, na qual a conciliação é feita para todos os empregados pertencentes ao grupo de empresas, mesmo que cada empresa tenha atividade distinta; (c) sindical; sendo estabelecidas por acordo coletivo entre o sindicato da categoria profissional e empresa ou empresas interessadas, significando dizer apenas no âmbito da empresa ou empresas acordantes; (d) intersindical, sendo criada pelo sindicato dos trabalhadores e pelo sindicato dos empregadores mediante convenção coletiva, quando a conciliação é feita para toda a categoria; (e) Núcleos de Conciliação Intersindical, podendo ser criado mediante negociação coletiva entre sindicatos pertencentes a toda e qualquer categoria.

Quando a conciliação é alcançada, lavra-se termo assinado pelo empregado, pelo empregador ou seu preposto e pelos membros da Comissão, fornecendo-se cópia às partes, sendo que o termo constitui título executivo extrajudicial e terá eficácia liberatória geral, exceto quanto às parcelas expressamente ressalvadas.

As Comissões de Conciliação Prévia têm prazo de dez dias para a realização da sessão de tentativa de conciliação a partir da provocação do interessado. Quando esgotado o prazo sem a realização da sessão, será fornecida a declaração a que se refere o § 2º do art. 625-D.

O prazo prescricional será suspenso a partir da provocação da Comissão de Conciliação Prévia, recomeçando a fluir, pelo que lhe resta, a partir da tentativa frustrada de conciliação ou do esgotamento do prazo previsto no art. 625-F.

Neste contexto, nos termos do art. 114, IX, da Constituição Federal determina que a Justiça do Trabalho é competente para a execução de contribuições sociais decorrentes do acordo firmado na Comissão de Conciliação Prévia.

4.1.2.6 Contribuições do sistema S

Tendo em vista que as contribuições do sistema *S*, também denominadas de contribuições de terceiros, estão previstas no art. 240 da Constituição Federal e não no art. 195, I, a, e II, da Constituição Federal, que tratam da competência da Justiça do Trabalho, corolário lógico que por falta de previsão legal não é da Justiça do Trabalho a competência para executar as contribuições do sistema S, sendo da Justiça Comum.

4.1.2.7 Quadro de carreira

Nos termos da Súmula nº 19 do Tribunal Superior do Trabalho compete à Justiça do Trabalho apreciar reclamação de empregado que tenha por objeto direito fundado em quadro de carreira.

4.1.2.8 Cadastramento no PIS

Nos termos da Súmula nº 300 do Tribunal Superior do Trabalho compete à Justiça do Trabalho processar e julgar ações ajuizadas por empregados em face de empregadores relativas ao cadastramento no Programa de Integração Social (PIS).

4.1.2.9 Seguro-Desemprego

Nos termos da Súmula nº 389 do Tribunal Superior do Trabalho inscreve-se na competência material da Justiça do Trabalho a lide entre empregado e empregador tendo por objeto indenização pelo não fornecimento das guias do seguro-desemprego; sendo que o não fornecimento pelo empregador da guia necessária para o recebimento do seguro-desemprego dá origem ao direito à indenização.

4.1.2.10 Execução, de ofício, da contribuição do seguro de acidente de trabalho

Nos termos da Súmula nº 454 do Tribunal Superior do Trabalho compete à Justiça do Trabalho a execução, de ofício, da contribuição referente ao Seguro de Acidente de Trabalho (SAT), que tem natureza de contribuição para a seguridade social (arts. 114, VIII, e 195, I, *a*, da CF), pois se destina ao financiamento de benefícios relativos à incapacidade do empregado decorrente de infortúnio no trabalho (arts. 11 e 22 da Lei nº 8.212/1991).

4.1.2.11 Complementação de pensão requerida por viúva de ex-empregado

Nos termos da Orientação Jurisprudencial nº 26 da Subseção I da Seção Especializada em Dissídios Individuais do Tribunal Superior do Trabalho compete à Justiça do Trabalho apreciar pedido de complementação de pensão postulada por viúva de ex-empregado, por se tratar de pedido que deriva do contrato de trabalho.

4.1.2.12 Execuções fiscais de contribuições devidas pelo empregador ao FGTS

Nos termos da Súmula nº 349 do Superior Tribunal de Justiça compete à Justiça Federal ou aos juízes com competência delegada o julgamento das execuções fiscais de contribuições devidas pelo empregador ao FGTS.

4.1.2.13 Autorização de trabalho artístico infantil

Compete à Justiça Comum, especificamente ao juiz da infância e da juventude, processar e julgar a autorização de trabalho artístico infantil.

O art. 7º, XXXIII, da Constituição Federal proíbe qualquer trabalho aos menores de 16 anos, exceto na condição de aprendizes, a partir dos 14 anos.

A Convenção nº 138 da Organização Internacional do Trabalho, que foi ratificada pelo Brasil e incorporada ao ordenamento jurídico brasileiro, estabelece uma exceção à regra constitucional, permitindo em seu art. 8º o trabalho artístico infantil de crianças e adolescentes, desde que devidamente autorizado.

Quanto à autorização para o trabalho artístico infantil de crianças e adolescentes, o art. 406 da Consolidação das Leis do Trabalho estabelece que o juiz da infância e da juventude poderá autorizar o trabalho a que se referem as letras *a* e *b* do §3º do art. 405, desde que a representação tenha fim educativo ou a participação não seja prejudicial à sua formação moral; e II – desde que a ocupação do menor seja indispensável à própria subsistência ou à de seus pais, avós ou irmãos e não advir nenhum prejuízo à sua formação moral.

A competência material Justiça Comum, especificamente ao juiz da infância e da juventude, de processar e julgar a autorização de trabalho artístico infantil ficou pacificada através do Supremo Tribunal Federal, que no julgamento da ação de arguição de descumprimento de preceito fundamental nº 361 e da ação direita de inconstitucionalidade nº 5.326[50] decidiu que assim determina o Estatuto da Criança e do Adolescente; bem como no plano da autorização para o trabalho artístico infantil de crianças e adolescentes, a atividade é de jurisdição voluntária, de natureza iminentemente civil, envolvida tutela somente do adequado desenvolvimento social e cultural do menor, e não de natureza trabalhista.

4.1.3 Ações que envolvam o exercício do direito de greve

A greve é regulamentada pela Lei nº 7.783/1989, devendo ser destacado que não é um meio de solução de conflitos coletivos, sendo ao mesmo tempo um direito social e um instrumento de mobilização dos trabalhadores em pressionar o empregador a negociar o empregador, ou levar o conflito à Justiça do Trabalho.

Por isso, trata-se de um fato social, uma liberdade pública consistente na suspensão do trabalho, coletiva, temporária e pacífica, total ou parcial, que poderá ter reflexo em parte ou em toda sociedade, que além da paralisação da classe trabalhadora, poderá ensejar outras controvérsias periféricas advindas do movimento grevista.

O art. 114, II, da Constituição Federal determina que a Justiça do Trabalho é competente para processar e julgar as ações que envolvam exercício do direito de greve.

---

[50] Supremo Tribunal Federal, ADI 5.326, Plenário, Rel. Ministro Marco Aurélio Mendes de Farias Mello, j. 27/09/2018.

Assim, a Justiça do Trabalho é competente para julgar tanto a licitude ou ilicitude da greve, bem como a multiplicidade de controvérsias dela advindas – como as ações possessórias, as ações indenizatórias e direitos de terceiros que envolvam a greve. Nesse sentido, o Supremo Tribunal Federal publicou a Súmula Vinculante nº 23, que assim dispõe:

> A Justiça do Trabalho é competente para processar e julgar as ações de indenização por danos morais e patrimoniais decorrentes de acidente de trabalho propostas por empregado contra empregador, inclusive aquelas que ainda não possuíam sentença de mérito em primeiro grau quando da promulgação da Emenda Constitucional nº 45/04.

Em síntese, em todas as ações que guardam nexo de causalidade com o movimento paredista, a competência será da Justiça do Trabalho, englobando as ações possessórias, ações indenizatórias e ações de obrigação de fazer; sendo competência da Justiça Comum o julgamento das ações penais decorrentes do exercício de greve, *ex vi* Ação Direta de Inconstitucionalidade nº 3.684[51].

Importante destacar que, como já demonstrado anteriormente, a Justiça do Trabalho detém a competência material para julgar todas as ações que sejam relacionadas, direta ou indiretamente, ao exercício do direito de greve somente dos trabalhadores da iniciativa privada, empresas públicas e sociedades de economia mista, tendo em vista o teor da Ação Direta de Inconstitucionalidade nº 3.395[52].

Caso a greve enseje um dissídio coletivo envolvendo a iniciativa privada, com a finalidade de declarar a abusividade ou não do movimento

---

[51] Supremo Tribunal Federal, ADI 3.684, Plenário, Rel. Ministro Gilmar Mendes, j. 11/05/2020.

[52] Supremo Tribunal Federal, ADI 3.395, Plenário, Rel. Ministro Alexandre de Moraes, j. 15/04/2020.

paredista, *ex vi* art. 114, § 3º, da Constituição Federal e nos termos da Súmula nº 189 do Tribunal Superior do Trabalho, a instância originária será um Tribunal Regional do Trabalho, caso a extensão territorial da greve seja local ou regional. Superado o limite regional, a competência será do Tribunal Superior do Trabalho, nos termos do art. 677, da Consolidação das Leis do Trabalho e do art. 2º, I, *a*, da Lei nº 7.701/1988, salvo tratando-se dos Tribunais Regionais do Trabalho da 2ª e da 15ª Região, quando deverão ser observadas as respectivas jurisdições.

Através da tese fixada no Tema nº 544, no julgamento do Recurso Extraordinário nº 846.854, de repercussão geral, a Justiça do Trabalho somente analisa o dissídio coletivo de greve que envolva as pessoas jurídicas de direito privado, inclusive as empresas públicas e as sociedades de economia mista. Cabe à Justiça Comum Federal ou Estadual julgar os dissídios coletivos de greve dos servidores públicos estatutários e celetistas da administração direta, autarquias e fundações de direito público[53].

O Supremo Tribunal Federal decidiu no Mandado de Injunção nº 708 que no dissídio coletivo de greve ajuizado na Justiça Comum, até a devida disciplina legislativa, devem-se definir as situações provisórias de competência constitucional para a apreciação desses dissídios no contexto nacional, regional, estadual e municipal, aplicando-se analogicamente a Lei nº 7.701/1998[54].

4.1.4 Ações sobre questões sindicais

O art. 114, III, da Constituição Federal estabelece que é competência da Justiça do Trabalho julgar as ações sobre representação sindical,

---

[53] Supremo Tribunal Federal, RE 846.854, Plenário, Rel. Ministro Luiz Fux, j. 01/08/2017.

[54] Supremo Tribunal Federal, MI 708, Plenário, Rel. Ministro Gilmar Mendes, j. 25/10/2007.

entre sindicatos, entre sindicatos e trabalhadores e entre sindicatos e empregadores.

Assim, todas as ações que envolvem matéria sindical, sejam entre sindicatos entre si, sindicatos e empregados, sindicatos e empregadores e as controvérsias envolvendo terceiros, como Ministério do Trabalho (agora desmembrado no da Economia e da Justiça) e nas questões de registro sindical, serão de competência da Justiça do Trabalho.

A partir da Emenda Constitucional nº 45/2004, a Súmula nº 222 do Superior Tribunal de Justiça é considerada como superada pela jurisprudência e pela doutrina, porquanto através do texto constitucional a Justiça do Trabalho passou a ser competente para julgar as ações relativas à contribuição sindical e não mais a Justiça Comum como prevalecia até então.

Tanto é assim que a Súmula nº 367 do Superior Tribunal de Justiça estabelece que a competência estabelecida pela Emenda Constitucional nº 45/2004 não alcança processos já sentenciados.

As ações sobre representação sindical envolvem dois ou mais sindicatos que desejam a representação de uma determinada categoria; as ações entre sindicatos envolvem a cobrança de multa do sindicato econômico pelo sindicato profissional cobra multa do sindicato econômico, em decorrência do não cumprimento de obrigações convencionais e repartição das contribuições sindicais; as ações entre sindicatos e empregados envolvem a cobrança ou realização de descontos indevidos de contribuições assistenciais e confederativas, vício nas eleições, nas assembleias e nas convocações, o direito de filiação ou desfiliação; e as ações entre sindicatos e empregadores envolvem atos antissindicais praticados pelo empregador, questionamento de pagamento de contribuição sindical pelo empregador.

Assim, podem emergir lides intersindicais não coletivas (representatividade; vínculo jurídico-sindical entre sindicato e federação e ações cautelares para sustar efeitos de negociações coletiva) e lides intrassindicais (legalidade de criação; convocação de Assembleia; eleições sindicais; ação do dirigente sindical e conflitos sobre contribuições sindicais).

Inobstante o art. 114, III, da Constituição Federal mencione sindicatos, deve-se interpretar extensivamente, englobando as federações e as confederações.

Encontra-se o Supremo Tribunal Federal, já com repercussão geral reconhecida e declarada, o Recurso Extraordinário nº 1.089.282, que tem como objeto a competência para julgar a contribuição sindical em relação aos servidores públicos regidos pelo regime estatutário.

4.1.5 Mandado de segurança, *habeas corpus* e a *habeas data*

O art. 114, IV, da Constituição Federal determina a competência da Justiça do Trabalho para processar e julgar os mandados de segurança, *habeas corpus* e a *habeas data*, quando o ato questionado envolver matéria sujeita à sua jurisdição.

São três ações constitucionais e mandamentais, processadas por ritos especiais, inseridas no bojo da jurisdição constitucional. O mandado de segurança, previsto no art. 5º, LXIX, da Constituição da Federal, tutela direito líquido e certo contra ato de autoridade praticado com ilegalidade ou abuso de poder. O *habeas corpus*, estabelecido no art. 5º, LXVIII, da Constituição da República, tem como objeto tutelar o direito de locomoção atingido ou ameaçado por ilegalidade ou abuso de poder. O *habeas data* por sua vez, nos termos do art. 5º, LXXII, da Constituição da República, garante a todos a exibição dos registros públicos e privados, nos quais estejam inseridos seus dados pessoais, para que deles tome conhecimento e, se necessário for, sejam retificados os dados inexatos ou obsoletos ou que impliquem em discriminação.

4.1.5.1 Mandado de segurança

O mandado de segurança é uma ação constitucional à disposição de toda e qualquer pessoa física ou jurídica, para proteção de direito individual ou coletivo, líquido e certo, não amparado por *habeas corpus* ou *habeas data*, lesado ou ameaçado, por ato de autoridade, independentemente de qual categoria ou função que exerça.

Na Justiça do Trabalho o mandado de segurança, mesmo sendo uma ação própria, ganha caráter mutante podendo ser utilizado em duas hipóteses:

1) como um recurso, quando uma das partes deseja questionar uma decisão interlocutória proferida no curso processual que tenha violado um direito líquido e certo previsto em lei. Neste caso, tendo em vista a irrecorribilidade imediata das decisões interlocutórias (art. 893, § 1º, da Consolidação das Leis do Trabalho), o mandando de segurança, será utilizado como um recurso para questionar a decisão, mesmo sendo uma ação própria, sendo impetrado diretamente na instância competente. Um exemplo desta hipótese é a utilização do mandado de segurança em face das tutelas provisórias que violam um direito líquido e certo, tendo como instância originária um Tribunal Regional do Trabalho ou o Tribunal Superior do Trabalho, dependendo da autoridade coatora, sendo que somente os tribunais possuem competência para julgá-lo, devendo ser impetrado na sede funcional da autoridade apontada como coatora; e

2) em face de atos práticos por auditor fiscal do trabalho ou superintendente regional do trabalho quando o ato questionado

envolver matéria sujeita à jurisdição trabalhista, como é o caso de aplicações de multas administrativas advindas de fiscalizações trabalhistas; interdição de estabelecimento ou setor, de máquina ou equipamento; embargos à obra, devendo o mandado de segurança ser impetrado em uma vara do trabalho onde o trabalho estiver sendo realizado.

Caso a autoridade coatora não seja integrante do Poder Judiciário trabalhista, a competência será da vara do trabalho; caso a autoridade coatora seja um juiz ou desembargador do trabalho, a competência será do Tribunal Regional do Trabalho e caso seja um ministro do tribunal superior do trabalho, a competência será o tribunal superior do trabalho.

O mandado de segurança tramitará sob o rito estabelecido na Lei nº 12.016/09, e não o procedimento previsto na Consolidação das Leis do Trabalho (art. 643 e seguintes da Consolidação das Leis do Trabalho), sendo que neste caso a competência territorial possui natureza absoluta.

4.1.5.2 Habeas corpus

Quanto ao *habeas corpus*, destaca-se que não é uma exclusivamente de natureza penal, mas sim um remédio constitucional tutelando o livre direito de ir, de vir ou de permanecer contra ato ilegal ou abusivo que faça qualquer pessoa sofrer ou se achar ameaçado de sofrer violência ou coação em sua liberdade de locomoção, por ilegalidade ou abuso de poder.

A Justiça do Trabalho é competente para apreciar *habeas corpus* envolvendo matéria sujeita à sua jurisdição, podendo envolver atos praticados pela autoridade judiciária, policial e de qualquer outra autoridade ou pessoa que esteja, ilegalmente ou em abuso de poder, restringindo a liberdade de outrem.

O Tribunal Superior do Trabalho não pacificou o entendimento da possibilidade do *habeas corpus* ser utilizado como instrumento constitucional para assegurar o livre exercício do trabalho. Alguns Ministros[55] entendem pela possibilidade deste *writ* ser utilizado de maneira extensiva abrangendo toda e qualquer forma que coloque risco ou que viole o livre direito e de ir, de vir ou de permanecer, não podendo ficar adstrito as investigações, inquéritos e ações penais, devendo ser utilizado também no curso e processos de qualquer natureza, assegurando a utilização de tal ação constitucional com vistas à proteção da autonomia da vontade contra a ilegalidade ou abuso de poder perpetrado, seja pela autoridade judiciária, seja pelas partes da relação de trabalho que envolvam a restrição de direitos fundamentais; lado outro, alguns Ministros entendem que o *habeas corpus* deve ser observado de maneira literal somente na defesa da liberdade de locomoção primária (direito de ir, de vir ou de permanecer) em face de as investigações, inquéritos e ações penais[56].

Perfilhando-se a corrente extensiva do Tribunal Superior do Trabalho, entendemos pela possibilidade de impetração de *habeas corpus* na Justiça do Trabalho quando o empregador ou tomador de serviços restringirem a liberdade de locomoção do empregado ou do trabalhador por qualquer motivo, como em razão do cumprimento de trabalho forçado, do trabalho análogo ao de escravo ou de não pagamento de dívidas. Em ambos os casos, o Magistrado não estará

---

[55] Tribunal Superior do Trabalho, HC 3981-95.2012.5.00.0000, Rel. Ministro Guilherme Caputo Bastos, j. 27/04/2012. Tribunal Superior do Trabalho, AgR-HC 5451-88.2017.5.00.0000, SBDI-II, Rel. Ministra Delaíde Alves Miranda Arantes, j. 08/08/2017.

[56] Tribunal Superior do Trabalho, HC 100000678-46.2018.5.00.0000, SBDI-II, Rel. Ministro Alexandre Luiz Ramos, j. 13/11/2018.

analisando a matéria criminal, ou se imiscuindo em atividade policial, mas tão somente defendendo o trabalhador contra um ato de ilegalidade ou abuso de poder.

A competência para julgar o *habeas corpus* dependerá de quem praticou o ato ilegal ou abusivo que está violando o livre direito e de ir, de vir ou de permanecer do trabalhador ou do empregador. Caso a pessoa esteja fora do Poder Judiciário, sendo um ato praticado por um particular ou por uma entidade policial, o *habeas corpus* deverá ser impetrado em uma Vara do Trabalho; porém, na hipótese de ato ter sido praticado por um juiz do trabalho, a competência funcional será do Tribunal Regional do Trabalho. Na ocorrência do ato ser de lavra de um desembargador, o remédio constitucional será julgado pelo Tribunal Superior do Trabalho; e será julgado pelo Supremo Tribunal Federal (art. 102, I, i, da Constituição Federal) caso seja impetrado ante ato de Ministro do Tribunal Superior do Trabalho.

O procedimento que deverá ser observado será o previsto no Código de Processo Penal (art. 647 e seguintes), conforme autorizado pelos arts. 8º e 769 da Consolidação das Leis do Trabalho, vez que aquele códex possui a natureza de direito processual comum e tutela a liberdade da pessoa se o ato estiver sujeito à jurisdição trabalhista.

4.1.5.3 Habeas data

No que diz respeito ao *habeas data*, que também é uma ação mandamental constitucional, com rito próprio, destaca-se que tem como objetivo precípuo tutelar o acesso a informações constantes de registros públicos ou privados ou retificação de dados.

Assim, trata-se de um instrumento judicial personalíssimo para que as pessoas solicitem judicialmente a exibição dos registros públicos ou privados, nos quais estejam cadastrados seus dados pessoais, para que deles tomem conhecimento e, desejando e considerando necessário, requeiram que sejam retificados os dados inexatos ou obsoletos ou que impliquem discriminação.

O *habeas data* não se presta para solicitar informações relativas a terceiros, pois nos termos do inciso LXXII, do art. 5º da Constituição Federal, sua impetração deve ter por objetivo assegurar conhecimento de informações relativas à pessoa do impetrante[57].

A ação de *habeas data* visa à proteção da privacidade do indivíduo contra abuso no registro e/ou revelação de dados pessoais falsos ou equivocados. O habeas data não se revela meio idôneo para se obter vista de processo administrativo[58].

O *habeas data* é um *writ* de cunho personalíssimo que somente a pessoa titular das informações pode impetrar, podendo utilizá-lo par três finalidades: 1) ter conhecimento para o conhecimento de informações à sua pessoa, constantes de registro ou banco de dados de entidades governamentais ou de caráter público; 2) retificar seu dados, quando não prefira fazê-lo por processo sigiloso, judicial ou administrativo; e 3) anotar nos assentamentos, de contestação ou explicação sobre dato verdadeiros mas justificável e que esteja sob pendência judicial ou amigável.

Na prática o *habeas data* vem sendo utilizado de maneira subsidiária ao mandado de segurança, daí porque na prática pouco se vê deste remédio constitucional.

Ofertando um viés expansionista ao *habeas data*, entendemos que é perfeitamente cabível a sua utilização quando o empregado

---

[57] Supremo Tribunal Federal, AgR HD 87, Plenário, Rel. Ministra Cármen Lúcia Antunes Rocha, j. 25/11/2009.

[58] Supremo Tribunal Federal, AgR HD 90, Plenário, Rel. Ministra Ellen Gracie Northfleet, j. 19/03/2010.

não tem acesso ao cadastro de maus empregadores que tenham mantido trabalhadores em condições análogas às de escravo, do Ministério da Economia e do Ministério da Justiça, nos termos da Portaria nº 540/2004; um servidor celetista que não tem acesso ao seu prontuário no Estado; um empregado que para obtenção de dados da empresa para fins de participação nos lucros e contratação de seguro de vida e planos de saúde; e exibição de documentos para obtenção de certas informações próprias profissionais, sendo a Justiça do Trabalho é competente para julgar *habeas data* em todas as hipóteses demonstradas.

O *habeas data* tramitará nos termos da Lei nº 9.507/1997, por ser uma ação constitucional civil e regida por lei especial, sendo que a competência funcional para o julgamento do habeas data na Justiça do Trabalho é, em regra, a Vara do Trabalho, devendo ser impetrado no local em que o trabalhador prestou os serviços, salvo quando o ato da autoridade implicar a competência originária do Tribunal Regional do Trabalho ou do Tribunal Superior do Trabalho.

O art. 8º da Lei nº 9.507/1997 exige que a petição inicial deverá preencher os requisitos do Código de Processo Civil, apresentada em duas vidas, e os documentos que instruem a primeira serão reproduzidos por cópia na segunda, sendo que o parágrafo único determina que a exordial será instruída com prova de I) da recusa ao acesso às informações ou do decurso de mais dez dias sem decisão; II) da recusa em fazer-se a retificação ou do decurso de mais de quinze dias, sem decisão; ou III) da recusa em fazer-se a anotação a que se refere o §2º do art. 4º ou do decurso de mais de quinze dias sem decisão.

O Supremo Tribunal Federal possui entendimento pacificado de que a prova de anterior indeferimento do pedido de informação de dados pessoais, ou da omissão em atendê-lo, constitui requisito indispensável para que se concretize o interesse de agir no habeas data. Sem que se configure situação prévia de pretensão resistida, há carência de ação constitucional do habeas data[59].

Tendo em vista que hodiernamente o mundo encontra-se inserido em um contexto digital, sendo que até mesmo o processo judicial é eletrônico, torna-se necessário ofertar uma instrumentalidade evolucionista ao *habeas data* é permitir que seja utilizado também para que utilizado pelo impetrante para ter acesso a registros públicos ou privados de maneira virtual, nos quais estejam cadastrados seus dados pessoais digitalmente, para que deles tomem conhecimento e, desejando e considerando necessário, requeiram que sejam retificados os dados inexatos ou obsoletos ou que impliquem discriminação; e até mesmo requeira para bloquear as contas e remover *fake news* das redes sociais que estejam colocando sua dignidade, segurança e saúde física e mental em risco.

Em 2015, o Supremo Tribunal Federal, constituindo o Tema nº 582, reconheceu a importância de destinar uma visão evolucionista ao habeas data decidiu que o habeas data é a garantia constitucional adequada para obtenção dos dados concernentes ao pagamento de tributos do próprio contribuinte constantes dos sistemas informatizados de apoio da arrecadação dos órgãos da administração fazendária dos entes estatais[60].

4.1.6 Conflito de competência

O art. 114, V, da Constituição Federal estabelece que a Justiça do Trabalho possui competência para processar e julgar os conflitos

---

[59] Supremo Tribunal Federal, RHD 22, Plenário, Rel. Ministro Celso de Mello, j. 01/09/1995.

[60] Supremo Tribunal Federal, RE 673.707, Plenário, Rel. Ministro Luiz Fux, j. 30/09/2015.

de competência entre os órgãos com jurisdição trabalhista, salvo a competência do Supremo Tribunal Federal com previsão no art. 102, I, *o*, da Constituição Federal – quando envolve o Tribunal Superior do Trabalho e quaisquer Tribunal de Justiça, Tribunal Regional Federal, juiz de direito ou juiz federal.

Importante destacar que só existe conflito de competência quando não existe hierarquia entre os órgãos conflitantes, vez que existindo hierarquia inexiste conflito, prevalecendo a decisão do órgão superior face do inferior. Entre órgãos hierarquicamente subordinados existe determinação e subordinação, sendo que a decisão do órgão superior deve ser acatada pelo órgão inferior, não havendo que se falar neste caso em conflito de competência.

Haverá conflito de competência, *ex vi* arts. 804 da Consolidação das Leis do Trabalho e 66 do Código de Processo Civil, quando dois órgãos não hierárquicos entendem ser competentes (conflito positivo), incompetentes (conflito negativo) ou entre dois ou mais juízes surge controvérsia acerca da reunião ou separação de processos.

O conflito de competência pode ser suscitado pela parte interessada, pelo juiz (desembargador do Tribunal Regional do Trabalho e ministro do Tribunal Superior do Trabalho) e pelo Ministério Público do Trabalho, nos termos do art. 805 da Consolidação das Leis do Trabalho.

O art. 806 da Consolidação das Leis do Trabalho determina que a parte interessada que alegar a incompetência territorial estará proibida de suscitar o conflito de competência, sendo que a parte que não suscitou a incompetência territorial poderá levantar o suscito de incompetência negativo, conforme art. 952, parágrafo único do Código de Processo Civil.

Por isso, nos termos do art. 114, V, da Constituição Federal, quando uma Vara do Trabalho confronta com o próprio Tribunal Regional do Trabalho não existe conflito de competência, prevalecendo a decisão do Tribunal. O Tribunal Superior do Trabalho pacificou o entendimento através da Súmula nº 420, demonstrando que não se configura conflito de competência entre Tribunal Regional do Trabalho e Vara do Trabalho a ele vinculada, assim estabelecendo: *"Não se configura conflito de competência entre Tribunal Regional do Trabalho e Vara do Trabalho a ele vinculada"*.

Os arts. 808, *a* e *b*, da Consolidação das Leis do Trabalho determinam que existindo um conflito entre duas Varas do Trabalho de diferentes Regiões ou entre Vara do Trabalho e um juiz de direito investido de jurisdição trabalhista vinculados a Tribunais Regionais do Trabalho diferentes caberá ao Tribunal Superior do Trabalho decidir o conflito, o mesmo acontecendo na hipótese de conflito entre dois Tribunais Regionais do Trabalho. Também caberá ao Tribunal Superior do Trabalho decidir o conflito entre uma Vara do Trabalho e um Tribunal Regional do Trabalho de diferentes Regiões. Existindo um conflito entre duas Varas do Trabalho do mesmo Tribunal Regional do Trabalho ou entre uma Vara do Trabalho e um juiz de direito investido de jurisdição trabalhista ao mesmo Tribunal Regional do Trabalho caberá a este Tribunal o conflito.

Caberá ao Superior Tribunal de Justiça processar e julgar os conflitos de competência entre Tribunal Regional do Trabalho e Tribunal de Justiça ou Tribunal Regional Federal ou juiz de direito; e, também entre uma Vara do Trabalho e Tribunal de Justiça ou Tribunal Regional Federal ou juiz de direito, *ex vi* art. 105, *I*, d, da Constituição Federal.

4.1.7 Ações de indenização por danos morais e patrimoniais

O art. 114, VI, da Constituição Federal estabelece a competência da Justiça do Trabalho para o julgamento das ações de indenização por danos morais e patrimoniais, decorrentes da relação de trabalho.

Dano é a lesão a um bem jurídico, que pode ser imaterial (moral) ou material, tutelado pelo direito. O empregado que sofreu um dano moral advindo de um ato do empregador, de um preposto dele ou no local de trabalho, durante a relação de emprego, poderá pleitear na Justiça do Trabalho danos morais, sem prejuízo de questionar também os danos materiais.

O Tribunal Superior do Trabalho vem decidindo que nas hipóteses em que não se reconhece o vínculo empregatício, a competência pertence à Justiça Comum, vez que neste caso existe uma relação de natureza civil e não de emprego[61].

Os danos morais trabalhistas podem ser pré-contratual, contratual ou pós contratual, desde que a causa de pedir esteja vinculada e fundamentada em uma relação de emprego. Tratando-se da fase pré-contratual, mesmo que o contrato de emprego não seja efetivado, é possível o trabalhador pleitear dano moral e/ou material, desde que tenha o nexo de causalidade e a lesão. Quanto ao fase pós-contratual, mesmo o vínculo empregatício já estando encerrado, havendo o nexo e o dano moral e/ou material, existe a vinculação e corolário lógico o suporte para pleitear na Justiça do Trabalho os seus respectivos direitos.

Hodiernamente os danos morais correspondem a um gênero, formado por diversas espécies, abrangendo os danos da alma ou danos do mundo interior, aglutinando todo dano à pessoa, seja no aspecto interior (honra, intimidade, privacidade), seja no aspecto

---

[61] Tribunal Superior do Trabalho, AR 11702-25.2017.5.00.0000, SBDI-II, Rel. Ministro Alexandre de Souza Agra Belmonte, j. 16/10/2018.

exterior (imagem e boa fama); o dano estético (alteração morfológica da pessoa – Súmula nº 387 do Superior Tribunal de Justiça) e o dano existencial (quando o trabalho prejudica a vida social do trabalhador). A Justiça do Trabalho possui competência para julgar também o dano sexual e o dano biológico.

Quanto ao dano moral biológico, destaca-se que fica caracterizado pela ação ou omissão do empregador, independentemente de dolo ou culpa, que resulte em acidente de trabalho, doença ocupacional ou desgaste emocional, afetando o desenvolvimento da vida particular do trabalhador.

O dano sexual é o ato de constranger colegas ou subordinados por meio de cantadas e insinuações constantes, com o objetivo de obter vantagens ou favorecimento sexual. Segundo Rodolfo Pamplona Filho, pode também ser conceituado como "*toda conduta de natureza sexual não desejada que, embora repelida pelo destinatário, é continuadamente reiterada, cerceando-lhe a liberdade sexual.*"

O dano moral trabalhista só difere do dano moral civil em relação ao nexo causal, vez que aquele possui causalidade com a relação de emprego ou de trabalho e este não tem.

O dano estético ocorre, principalmente, na hipótese de acidente de trabalho típico ou por equiparação, "*pelo exercício do trabalho a serviço da empresa ou de empregador doméstico ou pelo exercício do trabalho dos segurados, provocando lesão corporal ou perturbação funcional que cause a morte ou a perda ou redução, permanente ou temporária, da capacidade para o trabalho*"[62], consoante art. 19

[62] OLIVEIRA, Sebastião Geraldo de. *Indenizações Por Acidentes de Trabalho ou Doença Ocupacional*. 4. ed. São Paulo: LTr. 2008, p. 220.

da Lei nº 8.213/1991. Essa lesão possui o condão de comprometer a harmonia física da vítima.

Tratando-se de acidente de trabalho, a depender da gravidade e das consequências sofridas pelo empregado, podem emergir duas ações distintas: a ação acidentária e ação indenizatória.

A ação acidentária é movida pelo trabalhador em desfavor do Instituto Nacional de Seguro Social (INSS) pleiteando o recebimento de benefício previdenciário, sendo de competência da Justiça Comum, a teor do art. 109, I, da Constituição Federal.

A ação indenizatória será ajuizada pelo empregado em face do seu empregador requerendo indenização por danos morais e/ou materiais, sendo de competência da Justiça do Trabalho.

O Supremo Tribunal Federal através da Súmula Vinculante nº 22, estabelece que a Compete à Justiça do Trabalho processar e julgar as ações de indenização por danos morais e patrimoniais decorrentes de acidentes de trabalho propostas por empregado contra empregador, inclusive as propostas pelos sucessores do trabalhador falecido, salvo quando a sentença de mérito for anterior à promulgação da Emenda Constitucional nº 45/2004, hipótese em que, até o trânsito em julgado e a sua execução, a competência continuará a ser da Justiça Comum.

Também se encontram no bojo da competência da Justiça do Trabalho as ações que envolvem as doenças ocupacionais, também denominadas de equiparadas do trabalho), que correspondem a um gênero, formada por duas espécies: 1) a doença profissional e a 2) doença do trabalho. A doença profissional é a doença típica de determinada profissão, sendo decorrente dela; ao passo que a doença do trabalho não decorre da profissão, muito embora tenha origem no trabalho. Quanto as doenças ocupacionais a Súmula nº 392 do Tribunal Superior do Trabalho assim determina:

Nos termos do art. 114, inc. VI, da Constituição da República, a Justiça do Trabalho é competente para processar e julgar ações de indenização por dano moral e material, decorrentes da relação de trabalho, inclusive as oriundas de acidente de trabalho e doenças a ele equiparadas, ainda que propostas pelos dependentes ou sucessores do trabalhador falecido.

Os herdeiros e familiares podem ajuizar em nome próprio ação decorrente de acidente de trabalho caso o empregado venha a falecer ou ficar impossibilitado de praticar os atos da vida civil, hipótese denominada de ação em ricochete ou reflexo; assim como os sucessores processuais podem dar continuidade ao processo caso o empregado venha a falecer no curso processual, nos termos do art. 110 do Código de Processo Civil, sendo que em ambos os casos a competência será da Justiça do Trabalho.

Quanto à ação em ricochete, muito embora o Superior Tribunal de Justiça tenha editado ao Súmula nº 366 determinando que "*Compete à Justiça estadual processar e julgar ação indenizatória proposta por viúva e filhos de empregado falecido em acidente de trabalho*", essa Súmula foi revogada em 2009, vez que o Supremo Tribunal Federal julgando o Conflito de Competência nº 7.545.7[63], envolvendo o Tribunal Superior do Trabalho e uma Vara Cível, decidiu que, à luz do art. 114, VI, compete à Justiça do Trabalho julgar as ações advindas de acidente de trabalho independentemente da parte que ajuizou a ação, por se tratar de competência em razão da matéria e não das pessoas.

Ao passo que na sucessão processual o que se transmite é o direito à reparação e não o dano moral; na ação em ricochete o

---

[63] Supremo Tribunal Federal, CC 7.545-7, Plenário, Rel. Ministro Eros Grau, j. 13/08/2009.

ajuizamento da ação pelo herdeiro ou familiar em decorrência da morte ou invalidez do empregado, o dano é do próprio herdeiro ou familiar, inexistindo qualquer transmissão de direito. Portanto, são hipóteses completamente distintas e inconfundíveis.

Em caso de acidente de trabalho a condenação do empregador por danos morais independe da prova efetiva do dano moral, porquanto opera-se *in re ipsa* (presumido), o que torna desnecessária a prova concreta do dano extrapatrimonial, sendo necessária somente a comprovação do nexo de causalidade entre o trabalho e a doença, assim como a culpa do empregador, configurando assim o ato ilícito, previsto no art. 186 do Código Civil. Neste bojo exsurge a obrigação de compensação da reclamada, vez que violou o direito de personalidade do reclamante.

Nos termos do parágrafo único do art. 927 do Código Civil estabelece obrigação de reparar o dano, independentemente de culpa, nos casos especificados em lei, ou quando a atividade normalmente desenvolvida pelo autor do dano implicar, por sua natureza, risco para o os direitos de outrem. Além disso, o art. 932 do Código Civil estabelece que empregador será responsável pela reparação civil pelos atos praticados por ele, por seu comitente, seus empregados, seus serviçais ou seus prepostos, no exercício do trabalho que lhes competir, ou em razão dele, ainda que não haja culpa de sua parte, responderão pelos atos praticados por estas pessoas, *ex vi* art. 933 da Consolidação das Leis do Trabalho.

Atualmente os danos morais encontram-se previstos nos arts. 223-C e 223-D, da Consolidação das Leis do Trabalho, sendo cabíveis tanto para pessoa física quanto para pessoa jurídica.

A configuração do dano moral e/ou material necessita da existência do ato ilícito, do prejuízo e do nexo de causalidade entre a conduta antijurídica e a lesão, para fins de ressarcimento, podendo ficar configurado através de um ato ou de uma conduta.

Muito embora o art. 114, VI, da Constituição Federal utilize a palavra dano, a Justiça do Trabalho possui competência para julgar o assédio. Enquanto o dano é uma conduta, o assédio é a prática reiterada de atos de violência física ou mental. Em regra, ambos são caracterizados no âmbito trabalhista pela utilização da posição hierárquica do empregador para coagir o indivíduo a aceitar a relação imposta, nociva à saúde física e psicológica do empregado.

O assédio é um gênero formado por duas espécies: assédio moral e assédio sexual, que obedecem aos mesmos critérios do dano moral e sexual. O que os diferenciam é a continuidade.

O assédio é formado pela repetição de condutas idênticas ou parecidas que objetivam o mesmo fim ou similares. Ou seja, o assediador tem um determinado modo comportamental igual ou similar dia após dia, semana após semana, mês a mês ou ano após ano para alcançar um determinado objetivo, minando e violando a saúde mental do assediado. É uma conduta fria, calculista que viola e atinge a vítima, lhe causando um verdadeiro abalo psicológico e físico.

O assédio moral pode ocorrer de maneira direta, quando o agressor diretamente faz insultos, violências verbais, humilhações e acusações ao empregado; ou de maneira indireta, quando o agressor isola ou exclui socialmente a vítima, propaga mentiras e boatos acerca da sua pessoa.

Os assédios moral e sexual também ficam caracterizados por ação ou por omissão do empregador (velada e oculta), sendo que em ambas as situações a lesão ocorre.

Os assédios moral e sexual podem ocorrer em dois planos, sendo eles: 1) vertical e 2) horizontal.

No plano vertical, o agressor encontra-se em nível superior hierarquicamente face a vítima, sendo aquele o chefe e esta o subordinado, ou vice-versa; e no plano horizontal, o assédio ocorre entre duas pessoas que encontram-se no mesmo nível hierárquico, sendo que nesse caso a empresa será responsável pela indenização, caso ciente da prática do empregado agressor/assediador e nenhuma conduta assumiu, permanecendo omissa para impedir e acabar com a realização do assédio, porquanto ela é quem possui o poder diretivo, fiscalizador e disciplinar.

Na hipótese de responsabilidade por omissão do empregador, é permitido a empresa ajuizar uma ação de regresso em desfavor ao empregado que praticou o assédio, almejando o ressarcimento dos valores que pagou à título de dano moral, sendo que a competência para o julgamento desta ação regressiva também será da Justiça do Trabalho.

O dano e o assédio moral podem ocorrer na esfera individual e coletiva (organizacional). Ocorre na esfera individual quando um trabalhador ou trabalhadores identificados são atingidos, ao passando que no espectro coletivo parte ou todos os trabalhadores da empresa são vítimas das práticas ameaçadoras, violentas e aterrorizantes psicologicamente.

Nesses casos, além do dano e do assédio causados a cada trabalhador, há ocorrência de um dano geral, causado a toda coletividade. Trata-se de um prejuízo sofrido por todos os trabalhadores, assim como a própria sociedade, na medida em que violada a ordem social. Destaque-se, ainda, que esse dano, desferido potencialmente a um universo de pessoas que é impossível de se determinar, tanto a priori, como a posteriori, deve ser reparado *in continenti,* não se confundindo, em absoluto, com as eventuais reparações individuais que venham a ser impostas ao empregador. Por isso, entende-se que o dano e o assédio moral individual acumulam-se com o coletivo (também intitulado de social), tendo em vista que possuem natureza jurídica distintas, mas ambas hipóteses são processadas e julgadas na Justiça do Trabalho.

Geralmente as ações de dano e de assédio exigem as tutelas preventivas (a mais importante de todas, navegando na tutela inibitória), repressiva (seara administrativa, penal e similares), reparatórias (responsabilidade civil do empregador) e a interdimensional (conexões com as ciências afins).

A tutela inibitória que encontra previsão legal nos art. 5º, XXXV, da Constituição Federal, art. 497 do Código de Processo Civil, art. 84 do Código de Defesa do Consumidor e no art. 11 da Lei nº 7347/85, nesta temática faz-se necessária tendo em vista que tem como objetivo precípuo a prevenção da prática, a continuação, a repetição ou a ameaça de um ato ilícito (ou antijurídico), possibilitando de forma definitiva, por meio de cognição exauriente, a fruição in natura do direito pelo autor da ação – de acordo com o direito substancial previsto no ordenamento jurídico, vinculado vida do trabalhador.

Caso a saúde física ou mental do trabalhador esteja sendo ameaçada, caberá requerimento inibitório, ex vi art. 497, parágrafo único, do Código de Processo Civil, porquanto trata-se de um processo de conhecimento voltado para o futuro, requerendo ao réu o cumprimento de uma obrigação de fazer (inibitória positiva) ou não fazer (inibitória negativa), podendo ser imposta multa ou outras medidas necessárias que garantam o resultado prático equivalente – ou seja, a inibição do ato ilícito (e não do dano).

Os danos patrimoniais são aqueles que envolvem bens materiais, e por isso são restituições daquilo que a pessoa perdeu (perdas e danos) ou que deixou de ganhar em decorrência de uma lesão que sofreu (lucros cessantes), advinda de uma ação ou de uma omissão.

O dano material advindo do período da recuperação (de convalescença) é considerado também como lucros cessantes é fruto do art. 949 do Código Civil. Assim, no caso de lesão ou outra ofensa à saúde, o empregador deverá indenizar o empregado nas despesas do tratamento e dos lucros cessantes até o fim da recuperação, além de outro prejuízo que o trabalhador tiver sofrido e provado, como é o caso da remuneração do empregado, independente do pagamento ou não do benefício previdenciário, vez que são institutos com naturezas jurídicas distintas e devidas por pessoas diferentes, pelo princípio da reparação integral. Aliás, o art. 7º XXVIII da Constituição Federal estabelece que o pagamento das parcelas acidentárias não exclui a indenização devida, que deverá ser calculada a partir do 16º dia de afastamento, porquanto até o 15º dia permanece a obrigação de pagamento dos salários, nos termos do art. 3º da Lei nº 8.213/91.

Conforme art. 223-F da Consolidação das Leis do Trabalho, os danos morais e materiais podem ser acumulados.

A par do dano moral e do material ,exsurge o dano ao projeto de vida, já reconhecido e aplicado pelo Tribunal Superior do Trabalho[64], ficando caracterizado quando a lesão sofrida pelo trabalhador adentra na sua própria existência afetando a sua liberdade de conduzir sua vida livremente. É o dano que frusta o ser humano em viver sua própria vida da maneira que planejou e idealizou. Por isso, trata-se de um dano permanente, contínuo e certo, que traz consigo consequências que dificilmente serão contornadas ou superadas no decurso do tempo. O dano ao projeto de vida ultrapassa as fronteiras

---

[64] Tribunal Superior do Trabalho, RR 35-38.2012.5.04.0701, 6ª Turma, Rel. Ministra Kátia Arruda Magalhães, j. 07/08/2019.

do dano moral e do dano material atingindo além dos sentimentos, dos afetos e até mesmo as perdas econômicas futuras da pessoa, porquanto acompanham ela no transcurso de sua vida devastando o que almejou para sua vida, indo além de qualquer quantificação certa e mensurável, ou que critério objetivo futurológico. Nesse novo modal danoso a realização integral da vida da pessoa fica prejudicada, observando a sua historiografia, vocação e aspirações que lhe permitiam ter expectativas para concretização. Podemos citar como exemplo um acidente de trabalho sofrido pelo empregado, que lhe acarretem lesões físicas e neurais que comprometem todo o seu futuro pessoal e profissional.

Tendo em vista que hodiernamente o mundo encontra-se na era digital, caracterizado pelos avanços tecnológicos, em existem bancos, economia, amizades, livros, processos judiciais, empresas de quase todos os setores, restaurantes, carteiras de identidade, profissionais e de motorista, canais de filmes, título de eleitor, universidades e faculdades, cursos de idiomas e jornais digitais, já sendo uma realidade as pessoas possuírem identidade e dignidade virtuais. Nesse novo arranjo global as redes sociais alcançaram uma importância quase que primordial na vida de todas as pessoas, tanto na seara pessoal como na profissional, tornando-se perfeitamente possível que os danos moral e material fiquem caracterizados através das postagens e mensagens nos aplicativos e redes sociais como *Instagram, Twiter, Whatsapp, Facebook* e até mesmo enviadas através de e-mail. Aliás, o dano moral e o dano material sofrido através destes instrumentos podem até mesmo causar mais impactos e prejuízos do que o praticado pessoalmente, vez que uma vez postado na rede social espalha-se de maneira incontrolável, sendo que em questão de segundos e minutos pessoas de todo o Brasil e até mesmo do mundo inteiro estão vendo e comentando, podendo até mesmo adentrar para a eternidade quando pessoas tiram *prints* da tela e salvam a postagem para si e posteriormente a utilizam até mesmo para elaboração de *fake news*. Através dos *prints* que as pessoas que tiveram acesso a postagem ou a mensagem eternizam aquele momento, mesmo que o agressor remova ou apague a mensagem, já tendo atingido a imagem, a honra e a dignidade da vítima, podendo, inclusive, lhe causar também um dano material.

Inclusive, o Tribunal Superior do Trabalho já utilizando as provas digitais auxiliando os magistrados na analisar e no julgamento dos processos, e para isso reconhecendo como ferramentas a geolocalização, as postagens em redes sociais, palavras-chave ou tags, biometria, raspagem de dados (*data scraping*), conversas em aplicativos de mensagens e e-mails e varredura em grandes bancos de dados. Com isso, a Justiça do Trabalho se tornou a pioneira no Brasil, no ano de 2020, em adotar e utilizar as provas digitais como uma ação institucional de formação e especialização de magistrados e servidores na produção de provas por meios digitais, através do Programa Provas Digitais, objetivando fazer uso de informações tecnológicas para auxiliar magistrados na instrução processual, especialmente na produção de provas para aspectos controvertidos. Como resultado, busca-se maior celeridade à tramitação processual e facilidade para a busca da verdade dos fatos[65].

Nesse sentido, o próprio Tribunal Superior do Trabalho já vem decidindo no sentido de dano moral em que a pessoa é dispensada através do *Whatsapp*, com decisões recentes proferidas no ano de 2021, utilizando as próprias mensagens enviadas pelo *Whatsapp*

---

[65] Tribunal Superior do Trabalho. Especial: Justiça do Trabalho é pioneira no uso de provas digitais. Disponível em: http://www.tst.jus.br/provas-digitais. Acesso em: 23/03/2022.

como prova para a configuração do dano moral[66]. Ou seja, nestes dois julgamentos o Tribunal Superior do Trabalho concomitantemente reconheceu que o dano moral pode ocorrer virtualmente, assim como utilizou as mensagens enviados pelo aplicativo como prova digital para analisar e julgar o processo.

4.1.8 Penalidades administrativas impostas aos empregadores pelos órgãos de fiscalização

O art. 114, VII, da Constituição Federal estabelece que a Justiça do Trabalho é competente para julgar as ações relativas às penalidades administrativas impostas aos empregadores pelos órgãos de fiscalização administrativa das relações de trabalho, que atualmente no Brasil vem sendo realizada pela Secretaria Especial da Previdência e Trabalho no Ministério da Economia.

Trata-se de uma nova competência material trabalhista, porquanto antes da Emenda Constitucional nº 45/04, pertencia à Justiça Federal, porquanto era promovidas em face da União, conforme art. 109 da Constituição Federal.

Os arts. 626 a 653 da Consolidação das Leis do Trabalho estabelecem às penalidades administrativas que são impostas aos empregadores, que podem ser questionadas tanto judicialmente na Justiça do Trabalho ou administrativamente, através de recurso administrativo, previsto no art. 631, § 1º, da Consolidação das Leis do Trabalho, que atualmente não precisa mais do depósito prévio integral, conforme Súmula Vinculante nº 21 do Supremo Tribunal Federal.

[66] Tribunal Superior do Trabalho, RR 1037-48.2010.5.09.0095, 7ª Turma, Red. Ministro Cláudio Mascarenhas Brandão, j. 22/09/2021. Tribunal Superior do Trabalho, AIRR 10405-64.2017.5.15.0032, 6ª Turma, Rel. Ministra Kátia Arruda Magalhães, j. 22/09/2021.

Doravante, são cabíveis na Justiça do Trabalho, todas as espécies de ações propostas pelos empregadores e tomadores de serviços para discussão das penalidades administrativas que lhes forem impostas pela Secretaria Especial da Previdência e Trabalho no Ministério da Economia, como é o caso das ações anulatórias, ações declaratórias, medidas cautelares, mandado de segurança, bem como a União poderá promover execução fiscal das multas administrativas.

Dentro deste espectro também se encontra a competência da Justiça do Trabalho para executar as multas administrativas aplicadas aos empregadores, como é o caso do não pagamento e inscrição de certidão da dívida ativa da União, decorrentes de atuações dos Órgãos de Fiscalização do Trabalho (título executivo extrajudicial), conforme estabelecem os arts. 876 (rol exemplificativo) e 899, ambos da Consolidação das Leis do Trabalho e a Lei nº 6.830/1980.

Portanto, o art. 114, VII, da Constituição Federal dilata a competência da Justiça do Trabalho para processar e julgar ações que discutam a validade e também executar as penalidades administrativas impostas aos empregadores pelos órgãos de fiscalização.

Ainda cumpre destacar a competência da Justiça do Trabalho para julgar as ações promovidas pelos empregadores e pelos empregadores em face da Caixa Econômica Federal, tendo como objeto FGTS (direito previsto no art. 7º, III, da Constituição Federal, através do cancelamento da Súmula nº 176 pelo Tribunal Superior do Trabalho).

Salvo as ações que possuem rito especial, como é o caso do mandado de segurança, execução fiscal e ações anulatórias, todas as demais tramitarão sob a égide dos arts. 763 e seguintes que norteiam as ações trabalhistas.

As penalidades administrativas pelos órgãos de fiscalização de profissões regulamentadas (OAB, CRM, CREA etc) não estão no bojo do art. 114, VII, e por isso não são de competência da Justiça do Trabalho.

4.1.9 Execução, de ofício, das contribuições sociais

O art. 114, VIII, da Constituição Federal estabelece que a Justiça do Trabalho é competente para "*executar, de ofício, as contribuições sociais previstas no art. 195, I, a, e II, e seus acréscimos legais, decorrentes das sentenças que proferir*", mantendo o teor da redação anterior do art. 114, §3º da Constituição Federal, fruto da Emenda Constitucional 20/1998.

A sentença condenatória trabalhista pode englobar parcelas salariais e parcelas indenizatórias. Ao passo que as parcelas indenizatórias não ensejam a incidência de contribuições sociais, as parcelas salariais ensejam a incidência das contribuições sociais.

Portanto, a Justiça do Trabalho é competente para executar de ofício as contribuições devidas ao Instituto Nacional do Seguro Social, ainda que a autarquia não tenha participado do processo na fase de conhecimento. Tal situação ocorre, porquanto ela é encarregada não somente de resguardar a efetivação dos direitos trabalhistas, mas também dos direitos sociais, garantindo assim o futuro do trabalhador na arrecadação das contribuições sociais que servem para a melhoria da sociedade como um todo, afinal a previdência social é norteada pelo princípio da solidariedade.

Importante destacar que conforme Súmula Vinculante nº 53 do Supremo Tribunal Federal e art. art. 876, §1º, da Consolidação das Leis do Trabalho, as execuções das parcelas previdenciárias e seus acréscimos legais são relativos ao objeto da condenação constante na sentença ou no acordo homologado e não do período declarado do liame empregatício.

No mesmo sentido a Súmula nº 368 do Tribunal Superior do Trabalho que no seu assim determinar no seu item I) a Justiça do Trabalho é competente para determinar o recolhimento das contribuições fiscais. A competência da Justiça do Trabalho, quanto à execução das contribuições previdenciárias, limita-se às sentenças condenatórias em pecúnia que proferir e aos valores, objeto de acordo homologado, que integrem o salário de contribuição; no seu item II) é do empregador a responsabilidade pelo recolhimento das contribuições previdenciárias e fiscais, resultantes de crédito do empregado oriundo de condenação judicial. A culpa do empregador pelo inadimplemento das verbas remuneratórias, contudo, não exime a responsabilidade do empregado pelos pagamentos do imposto de renda devido e da contribuição previdenciária que recaia sobre sua quota-parte; no seu item II) os descontos previdenciários relativos à contribuição do empregado, no caso de ações trabalhistas, devem ser calculados mês a mês, de conformidade com o art. 276, §4º, do Decreto n º 3.048/1999 que regulamentou a Lei nº 8.212/1991, aplicando-se as alíquotas previstas no art. 198, observado o limite máximo do salário de contribuição; no item IV) considera-se fato gerador das contribuições previdenciárias decorrentes de créditos trabalhistas reconhecidos ou homologados em juízo, para os serviços prestados até 04/30/2009, inclusive, o efetivo pagamento das verbas, configurando-se a mora a partir do dia dois do mês seguinte ao da liquidação (art. 276, *caput*, do Decreto nº 3.048/1999). Eficácia não retroativa da alteração legislativa promovida pela Medida Provisória nº 449/2008, posteriormente convertida na Lei nº 11.941/2009, que deu nova redação ao art. 43 da Lei nº 8.212/1991; no item V) para o labor realizado a partir de 05/3/2009, considera-se fato gerador das contribuições previdenciárias decorrentes de créditos trabalhistas reconhecidos ou homologados em juízo a data da efetiva prestação dos serviços. Sobre as contribuições previdenciárias não recolhidas a partir da prestação dos serviços incidem juros de mora e, uma vez apurados os créditos previdenciários, aplica-se multa a partir do exaurimento do prazo de citação para pagamento, se descumprida a obrigação, observado o limite legal de 20%; e no item VI) o imposto de renda decorrente de crédito do empregado recebido acumuladamente deve ser calculado sobre o montante dos rendimentos pagos, mediante a utilização de tabela progressiva resultante da multiplicação da quantidade de meses a que se refiram os rendimentos pelos valores constantes da tabela progressiva mensal correspondente ao mês do recebimento ou crédito, nos termos do art. 12-A da Lei nº 7.713/1988, com a redação conferida pela Lei nº 13.149/2015, observado o procedimento previsto nas Instruções Normativas da Receita Federal do Brasil.

Nos termos que das Súmula Vinculante nº 53 do Supremo Tribunal Federal e da Súmula 368, I, do Tribunal Superior do Trabalho, somente as contribuições sociais da sentença condenatória ou o acordo judicial homologado em juízo é que podem ser executadas de ofício, não podendo a sentença declaratória servir de subsídio para a execução de ofício das contribuições sociais.

O Tribunal Superior do Trabalho editou a Orientação Jurisprudencial nº 414, da Subseção I da Seção Especializada de Dissídios Individuais do Tribunal Superior do Trabalho, fixando a sua competência para executar parcela referente ao Seguro por Acidente de Trabalho (SAT), tendo em vista a sua natureza de contribuição social, destinando o financiamento dos benefícios relativos à incapacidade do empregado decorrente do infortúnio no trabalho – art. 11 e 22 da Lei nº 8.212/1991.

A Súmula nº 454 do Tribunal Superior do Trabalho determina que a Justiça do Trabalho é competente para executar as contribuições sociais referentes ao seguro-desemprego de acidente de trabalho.

No julgamento do Recurso Extraordinário nº 595326, com repercussão geral, em 2020, o Supremo Tribunal Federal fixou a seguinte tese no Tema nº 505:

> A Justiça do Trabalho é competente para executar, de ofício, as contribuições previstas no artigo 195, incisos I, alínea a, e II, da Carta da República, relativamente a títulos executivos judiciais por si formalizados em data anterior à promulgação da Emenda Constitucional nº 20/1998[67].

4.2 Competência infraconstitucional trabalhista

O art. 652 da Consolidação das Leis do Trabalho estabelece que compete às Varas do Trabalho conciliar e julgar: a) conciliar e julgar: I – os dissídios em que se pretenda o reconhecimento da estabilidade de empregado; II – os dissídios concernentes a remuneração, férias e indenizações por motivo de rescisão do contrato individual de trabalho; III – os dissídios resultantes de contratos de empreitadas em que o empreiteiro seja operário ou artífice; IV – os demais dissídios concernentes ao contrato individual de trabalho; V – as ações entre trabalhadores portuários e os operadores portuários ou o Órgão Gestor de Mão-de-Obra (OGMO) decorrentes da relação de trabalho; b) processar e julgar os inquéritos para apuração de falta grave; c) julgar os embargos opostos às suas próprias decisões; d) impor multas e demais penalidades relativas aos atos de sua competência; f) decidir quanto à homologação de acordo extrajudicial em matéria de competência da Justiça do Trabalho, hipótese intitulada de jurisdição voluntária, prevista nos arts. 855-B ao 855-E da Consolidação das Leis do Trabalho.

---

[67] Supremo Tribunal Federal, RE 595.326, Plenário, Rel Ministro Marco Aurélio Mendes de Farias Mello, j. 21/08/2020.

O parágrafo único do art. 652 da Consolidação das Leis do Trabalho determina que terão preferência para julgamento os dissídios sobre pagamento de salário e aqueles que derivarem da falência do empregador, podendo o Presidente da Junta, a pedido do interessado, constituir processo em separado, sempre que a reclamação também versar sobre outros assuntos.

4.2.1 Os dissídios em que se pretenda o reconhecimento da estabilidade de empregado

O art. 652, *a*, I, da Consolidação das Leis do Trabalho que estabelece a competência trabalhista para conciliar e julgar os dissídios em que se pretenda o reconhecimento da estabilidade de empregado encontra-se atualmente inserido no bojo do texto do art. 114, I, da Constituição Federal.

4.2.2 Os dissídios concernentes a remuneração, férias e indenizações por motivo de rescisão do contrato individual de trabalho

O art. 652, *a*, II, da Consolidação das Leis do Trabalho, que estabelece a competência trabalhista para conciliar e julgar os dissídios concernentes a remuneração, férias e indenizações por motivo de rescisão do contrato individual de trabalho, encontra-se atualmente inserido no bojo do texto dos arts. 114, I e VI, da Constituição Federal.

4.2.3 Os dissídios resultantes de contratos de empreitadas em que o empreiteiro seja operário ou artífice

O art. 652, *a*, III, da Consolidação das Leis do Trabalho estabelece a competência trabalhista para conciliar e julgar os dissídios resultantes de contratos de empreitadas em que o empreiteiro seja operário ou artífice.

Portanto, a Justiça do Trabalho possui competência para processar e julgar somente as ações em que o empreiteiro seja operário ou artífice, devendo ser uma pessoa física que trabalha sozinha ou com poucos empregados, hipóteses que são intituladas de pequeno operário ou pequeno artífice; não possuindo competência para julgar contratos de empreitadas em que o empreiteiro seja pessoa jurídica ou pessoa física que possua um grande número de empregados.

A competência da Justiça do Trabalho para processar e julgar somente as ações em que o empreiteiro seja operário ou artífice engloba tanto os dissídios diretos advindos de contratos de empreitadas como o pagamento da prestação pecuniária, como os indiretos como o pagamento de danos morais e materiais e até mesmo que o pequeno empreiteiro ou pequeno artífice seja demandado pelo empregado por ele contratado ou pelo contratante.

Quanto ao tema a Orientação Jurisprudencial nº 191, da Subseção da Seção I Especializada em Dissídios Individuais do Tribunal Superior Trabalho estabelece que diante da inexistência de previsão legal específica, o contrato de empreitada de construção civil entre o dono da obra e o empreiteiro não enseja responsabilidade solidária ou subsidiária nas obrigações trabalhistas contraídas pelo empreiteiro, salvo sendo o dono da obra uma empresa construtora ou incorporadora.

4.2.4 Os demais dissídios concernentes ao contrato individual de trabalho

O art. 652, *a*, IV, da Consolidação das Leis do Trabalho que estabelece a competência trabalhista para conciliar e julgar os demais dissídios concernentes ao contrato individual de trabalho encontra-se atualmente inserido no bojo do texto do art. 114, I, da Constituição Federal.

4.2.5 As ações entre trabalhadores portuários e os operadores portuários ou o Órgão Gestor de Mão-de-Obra (OGMO) decorrentes da relação de trabalho

O art. 652, *a*, V, da Consolidação das Leis do Trabalho estabelece a competência trabalhista para conciliar e julgar as ações entre trabalhadores portuários e os operadores portuários ou o Órgão Gestor de Mão-de-Obra (OGMO) decorrentes da relação de trabalho encontra-se atualmente inserido no bojo do texto do art. 114, I, da Constituição Federal.

4.2.6 Processar e julgar os inquéritos para apuração de falta grave

O art. 652, *b*, da Consolidação das Leis do Trabalho que estabelece a competência trabalhista para processar e julgar os inquéritos para apuração de falta grave encontra-se atualmente inserido no bojo do texto do art. 114, I, da Constituição Federal.

4.2.7 Julgar os embargos opostos às suas próprias decisões

O art. 652, *c*, da Consolidação das Leis do Trabalho que estabelece a competência trabalhista para *julgar os embargos opostos às suas próprias decisões* encontra-se atualmente inserido no bojo do texto dos arts. 114, I e IX, da Constituição Federal.

4.2.8 Impor multas e demais penalidades relativas aos atos de sua competência

O art. 652, *d*, da Consolidação das Leis do Trabalho que estabelece a competência trabalhista para *julgar os embargos opostos às suas próprias decisões* encontra-se atualmente inserido no bojo do texto dos arts. 114, I, VIII e IX, da Constituição Federal.

4.2.9 Decidir quanto à homologação de acordo extrajudicial em matéria de competência da Justiça do Trabalho

De todos os incisos do art. 652 da Consolidação das Leis do Trabalho, o inciso *f* é o único que não se encontra englobado pela redação da Emenda Constitucional nº 45/2004, porquanto seu texto é fruto da Reforma Trabalhista (Lei 13.467/2017).

A ação para homologação do acordo extrajudicial trabalhista, também denominada de jurisdição voluntária trabalhista, encontra-se regulamentada nos arts. 855-B ao 855-E, da Consolidação das Leis do Trabalho.

Este arquétipo normativo estabelece que a ação de homologação de acordo extrajudicial terá início por petição conjunta, sendo obrigatória a representação das partes por advogado; não podendo as partes ser representadas por advogado comum; e ao trabalhador é facultado ser assistido pelo advogado do sindicato de sua categoria. O juiz analisará o acordo no prazo de quinze dias a contar da distribuição da petição, podendo designar audiência se entender necessário e proferirá sentença (homologando ou não o acordo). A petição de homologação de acordo extrajudicial suspende o prazo prescricional da ação quanto aos direitos nela especificados, e o prazo prescricional voltará a fluir no dia útil seguinte ao do trânsito em julgado da decisão que negar a homologação do acordo. O ajuizamento da ação para homologação de acordo extrajudicial não prejudica o prazo estabelecido no § 6º do art. 477 da Consolidação das Leis do Trabalho e não afasta a aplicação da multa prevista no §8º art. 477 da Consolidação das Leis do Trabalho.

Importante destacar que a Súmula nº 418 do Tribunal Superior do Trabalho estabelece que *"A homologação de acordo constitui faculdade do juiz, inexistindo direito líquido e certo tutelável pela via do mandado de segurança"*.

Caso o juiz homologue o acordo, torna-se irrecorrível nos termos do parágrafo único do art. 831, da Consolidação das Leis do Trabalho e da Súmula nº 259 do Tribunal Superior do Trabalho que assim estabelece: "*Só por ação rescisória é impugnável o termo de conciliação previsto no parágrafo único do art. 831 da CLT*". Lado outro, caso o magistrado não homologue o acordo, as partes ou uma delas poderá apresentar recurso ordinário para o Tribunal Regional do Trabalho, nos termos do art. 895, I, da Consolidação das Leis do Trabalho.

É terminantemente vedado ao juiz converter a ação de homologação de acordo extrajudicial em uma ação trabalhista e iniciar uma instrução processual para após proferir a respectiva sentença. O magistrado não pode converter a jurisdição voluntária em jurisdição contenciosa, vez que a vontade das partes quando ajuizaram a ação de homologação de acordo extrajudicial foi alcançar a ratificação judicial (segurança jurídica) na autocomposição que realizaram de maneira extrajudicial e não desejam uma heterocomposição.

A homologação do acordo extrajudicial constitui ato da jurisdição voluntária, significando a administração pública de interesses privados. Por isso, cabe ao magistrado trabalhista realizar o juízo de valor dos termos transacionados e, fundamentadamente, homologar ou não a transação.

O art. 652, *f*, da Consolidação das Leis do Trabalho estabelece que a competência funcional da homologação de acordo extrajudicial trabalhista é da Vara do Trabalho, sendo que nada estabeleceu acerca da competência territorial, sendo silente quanto ao local de ajuizamento. Mesmo diante do vácuo normativo, entende-se que a competência da ação de homologação de acordo extrajudicial deve obedecer a regra estabelecida no art. 651 da Consolidação das Leis do Trabalho.

COMPETÊNCIA TERRITORIAL NA AÇÃO CIVIL PÚBLICA

A ação civil pública é uma ação caracterizada pela substituição processual, que no âmbito trabalhista destacam-se o Ministério Público do Trabalhos e os Sindicatos, e pela defesa dos interesses coletivos lato senso (transindividuais ou metaindividuais) pelos substitutos processuais, que além de possuir norma própria (Lei nº 7.347/1985), deve observar também a Constituição Federal e o Código de Defesa do Consumidor (Lei nº 8.078/1990), arquétipo normativo que é denominado por José Roberto Freire Pimenta de "*microssistema brasileiro de tutela coletiva*"[68].

---

[68] PIMENTA, José Roberto Freire. Tutela Metaindividual dos direitos trabalhistas: uma exigência constitucional. In: PIMENTA, José Roberto Freire; BARROS, Julaiana Augusta Medeiros de; FERNANDES, Nadia Soragi (Coords). *Tutela Metaindividual Trabalhista*: a defesa coletiva dos direitos dos trabalhadores em juízo. São Paulo: 2009, p. 31.

Neste bojo normativo José Roberto Freire Pimenta, Ricardo José Macedo de Britto Pereira e Cláudio Iannotti da Rocha lecionam:

> O art. 82 da Lei 8.078/90 confere legitimidade concorrente com o Ministério Público e outros entes públicos às associações legalmente constituídas há pelo menos um ano e que incluam entre seus fins institucionais a defesa dos interesses e direitos protegidos por este código, dispensada a autorização assemblear. A dispensa do requisito de um ano de constituição pode ocorrer diante de manifesto social evidenciado pela dimensão ou característica do dano, ou pela relevância do bem jurídico e ser protegido[69].

A competência territorial da ação civil pública é diferente quando comparadas as ações individuais, vez que deve observar a extensão do dano, que são organizados a partir do quadrilátero formado por: 1) dano local; 2) dano regional; 3) dano suprarregional e 4) dano nacional.

Portanto, ao passo que as ações individuais o art. 651 da Consolidação das Leis do Trabalho estabelece como regra o local da prestação de serviços, na ação civil pública é a extensão do dano que determina a competência territorial.

A instância originária (competência funcional) da ação civil pública sempre será uma Vara do Trabalho e jamais um Tribunal

---

[69] PIMENTA, José Roberto Freire; PEREIRA, Ricardo José Macedo de Britto; ROCHA, Cláudio Iannotti da. A extensão territorial da sentença na ação civil pública: evolução da jurisprudência do supremo tribunal federal até a pronúncia da inconstitucionalidade do artigo 16 da lei 7.347/1985. *In Coleção Direito Material e Processual do Trabalho Constitucionalizados*: processo coletivo do trabalho – vol. 4. São Paulo: LEX; OAB Nacional, 2021. p. 75.

Regional do Trabalho e tampouco o Tribunal Superior do Trabalho, sendo uma questão de competência absoluta.

O Tribunal Superior do Trabalho editou a Orientação Jurisprudencial nº 130 da Subseção II da Seção Especializada em Dissídios Individuais, que consubstanciada no art. 2º, da Lei nº 7.347/1985 e no art. 93 do Código de Defesa do Consumidor, que assim estabelece:

> I – A competência para a Ação Civil Pública fixa-se pela extensão do dano.
> II – Em caso de dano de abrangência regional, que atinja cidades sujeitas à jurisdição de mais de uma Vara do Trabalho, a competência será de qualquer das varas das localidades atingidas, ainda que vinculadas a Tribunais Regionais do Trabalho distintos.
> III – Em caso de dano de abrangência suprarregional ou nacional, há competência concorrente para a Ação Civil Pública das varas do trabalho das sedes dos Tribunais Regionais do Trabalho.
> IV – Estará prevento o juízo a que a primeira ação houver sido distribuída.

Mesmo diante de uma situação de completa falta de conceito sobre os danos coletivos, na tentativa de diminuir os prejuízos advindos deste hiato normativo, pode-se tentar conceituar as modalidades de dano da seguinte maneira. O dano local é aquele ocorrido dentro da circunscrição geográfica da Vara do Trabalho; o dano regional fica caracterizado quando atinge localidades geográficas de jurisdições de diversas Varas do Trabalho de um mesmo Tribunal Regional do Trabalho ou Estado, ou de diferentes Tribunais Regionais do Trabalho ou Estados localizados dentro de uma região brasileira; no dano suprarregional o acontecimento ocorre dentro uma mesma região do Brasil; e o dano nacional é quando atinge mais de uma região do território brasileiro.

Quanto ao tema Cláudio Iannotti da Rocha e Thais Borges da Silva lecionam:

> O tema da competência no processo coletivo é dos mais espinhosos, em especial por ter trazido o legislador diversos critérios impregnados de subjetivismo. Para além das divergências de conceituação dos danos locais, regionais e nacionais, há, ainda, substancial polêmica quanto à concorrência de competência entre as capitais dos Estados e o Distrito Federal, no caso dos dois últimos tipos de danos. A dificuldade de enquadramento do dano nas categorias de local, regional ou nacional ganha especial relevo em se tratando de litígios transindividuais de difusão irradiada, como os socioambientais[70].

Lecionam ainda:

> A outra conclusão não se pode chegar neste estudo senão a de que a celeuma que envolve o tema da competência territorial nas ações coletivas apenas será equacionada caso seja utilizado o princípio da competência adequada como parâmetro para sua definição, devendo as normas do microssistema processual coletivo ser aplicadas segundo a análise do caso concreto. Impõe-se, nesse contexto, levar-se em consideração a facilitação da produção da prova, da defesa do réu,

---

[70] ROCHA, Cláudio Iannotti da; SILVA, Thaís Borges da. O princípio da competência adequada e o processo coletivo. *In*: NETO, Alberto Nemer; ROCHA, Cláudio Iannotti da; FILHO, José Carlos Rizk; PIMENTA, José Roberto Freire; PEREIRA, Ricardo José Macedo de Britto. *Coleção Direito Material e Processual do Trabalho Constitucionalizados*: processo coletivo do trabalho – vol. 4. São Paulo: LEX; OAB Nacional, 2021. p. 220.

> a proximidade do juízo com os fatos, com vistas a garantir maior efetividade na prestação da tutela jurisdicional[71].

Inobstante a criação de uma Vara do Trabalho, *ex vi* art. 112 da Constituição Federal, seja através uma lei; a jurisdição de uma Vara do Trabalho quem estabelece é o Tribunal Regional do Trabalho a qual ela pertence. O art. 674 da Consolidação das Leis do Trabalho elenca os vinte e quatro Tribunais Regionais do Trabalho brasileiros e suas respectivas jurisdições.

Tratando-se de dano local, a competência para o ajuizamento da ação civil pública será da Vara do Trabalho do local do dano; sendo regional, será de qualquer das Varas das localidades atingidas, ainda que vinculadas a Tribunais Regionais do Trabalho distintos; no suprarregional e no nacional, a competência será concorrente para das Varas do Trabalho das sedes dos Tribunais Regionais do Trabalho.

O Supremo Tribunal Federal, no julgamento do Recurso Extraordinário nº 1.101.937, de repercussão geral, o Tema nº 1.075, declarou a inconstitucionalidade do art. 16 da Lei 7.347/1985[72], fixando a seguinte tese acerca dos danos coletivos:

> O STF fixou, em tal julgamento, as seguintes teses em Repercussão Geral: 1) é inconstitucional o art. 16 da Lei 7.347, de 1985, alterada pela Lei 9.494, de 1997;

---

[71] ROCHA, Cláudio Iannotti da; SILVA, Thaís Borges da. O princípio da competência adequada e o processo coletivo. In: NETO, Alberto Nemer; ROCHA, Cláudio Iannotti da; FILHO, José Carlos Rizk; PIMENTA, José Roberto Freire; PEREIRA, Ricardo José Macedo de Britto. *Coleção Direito Material e Processual do Trabalho Constitucionalizados*: processo coletivo do trabalho – vol. 4. São Paulo: LEX; OAB Nacional, 2021. p. 220.

[72] Supremo Tribunal Federal, RE 1.101.937, Plenário, Rel. Ministro Alexandre de Moraes, j. 11/03/2021.

> 2) tratando-se de ação civil pública de efeitos nacionais ou regionais, a competência deve observar o art. 93, II, do CDC (ou seja, a ação deve ser proposta no foro da Capital do Estado ou do DF);
> 3) propostas várias ações civis públicas de âmbito nacional ou regional, firma-se a prevenção do juízo que primeiro conheceu de uma delas, para o julgamento de todas as demandas conexas.

Assim, o Supremo Tribunal Federal definiu a competência dos danos de ambiento regional e nacional e aplicou o art. 93 do Código de Defesa do Consumidor, por ausência de previsão na Lei da 7.347/1985 (ação civil pública), estando prevento, no caso de múltiplas ações, o juízo que primeiro conhecer de uma delas, caminhando no mesmo sentido da Orientação Jurisprudencial nº 130 da Subseção II da Seção Especializada em Dissídios Individuais do Tribunal Superior do Trabalho[73].

José Roberto Freire Pimenta, Ricardo José Macedo de Britto Pereira e Cláudio Iannotti da Rocha demonstram:

> Referida decisão indica uma importante e elogiável evolução da jurisprudência no sentido de se dota de força a tutela coletiva, considerando os princípios da igualdade, eficiência, segurança jurídica, acesso à justiça e da efetividade da tutela jurisdicional. Enquanto a atuação das associações na defesa de interesses individuais puros depende de autorização individual ou assemblear, a atuação para a

---

[73] PIMENTA, José Roberto Freire; PEREIRA, Ricardo José Macedo de Britto; ROCHA, Cláudio Iannotti da. A extensão territorial da sentença na ação civil pública: evolução da jurisprudência do supremo tribunal federal até a pronúncia da inconstitucionalidade do artigo 16 da lei 7.347/1985. *In Coleção Direito Material e Processual do Trabalho Constitucionalizados*: processo coletivo do trabalho – vol. 4. São Paulo: LEX; OAB Nacional, 2021. p. 79.

> defesa de interesses coletivos no sentido amplo dispensa essa exigência, pois se trata de substituição processual[74].

E ainda:

> Associações e sindicatos são legitimados para agir em benefício das vítimas e a decisão que estabelece a condenação genérica deve cobrir todo o dano, independentemente de limitação territorial à jurisdição do órgão julgador de primeiro grau em que foi ajuizada a demanda e do âmbito de atuação da entidade[75].

Assim, mesmo diante de uma lacuna normativa, o Supremo Tribunal Federal ofertou a devida segurança jurídica aos jurisdicionados brasileiros, ofertando aos sindicatos e a ação civil pública uma visão evolucionista e progressista, fazendo com que através da substituição processual alcance e tutela o maio número de pessoas/vítimas através da substituição processual.

---

[74] PIMENTA, José Roberto Freire; PEREIRA, Ricardo José Macedo de Britto; ROCHA, Cláudio Iannotti da. A extensão territorial da sentença na ação civil pública: evolução da jurisprudência do supremo tribunal federal até a pronúncia da inconstitucionalidade do artigo 16 da lei 7.347/1985. *In Coleção Direito Material e Processual do Trabalho Constitucionalizados*: processo coletivo do trabalho – vol. 4. São Paulo: LEX; OAB Nacional, 2021. p. 82.

[75] PIMENTA, José Roberto Freire; PEREIRA, Ricardo José Macedo de Britto; ROCHA, Cláudio Iannotti da. A extensão territorial da sentença na ação civil pública: evolução da jurisprudência do supremo tribunal federal até a pronúncia da inconstitucionalidade do artigo 16 da lei 7.347/1985. *In Coleção Direito Material e Processual do Trabalho Constitucionalizados*: processo coletivo do trabalho – vol. 4. São Paulo: LEX; OAB Nacional, 2021. p. 82.

COMPETÊNCIA NORMATIVA

A competência normativa da Justiça do Trabalho advém da sentença normativa proferida nos autos de um dissídio coletivo, sendo a primeira ação judicial coletiva na historiografia processual brasileira.

O dissídio coletivo é uma ação coletiva e tem por objetivo interesses gerais das categorias profissionais e econômicas envolvidas, com previsão no art. 114, § 2º e § 3º da Constituição Federal, nos arts. 856 a 875 da Consolidação das Leis do Trabalho, na Lei nº 7.701/1988 e no art. 220 do Regimento Interno do Tribunal Superior do Trabalho.

O dissídio coletivo pode ser classificado como econômico, jurídico, de greve, revisional e originário, em consonância com o art. 220 do Regimento Interno do Tribunal Superior do Trabalho.

O dissídio coletivo pode ser instaurado pelos sindicatos (econômicos e profissionais), pelas respectivas Federações ou pelas

Confederações, pelo Ministério Público do Trabalho e ainda pelo Presidente do Tribunal Regional ou Superior, em caso de greve em atividade essencial com possibilidade de lesão do interesse público. Destaca-se que a referida ação também pode ser instaurada por uma empresa, quando não obtido um acordo coletivo.

A Orientação Jurisprudencial nº 5 da Seção Especializada em Dissídios Coletivos do Tribunal Superior do Trabalho em consonância com a Convenção nº 155 do Organização Internacional do Trabalho permite que seja instaurado dissídio coletivo em face de pessoa jurídica de direito público que mantenha empregados, com finalidade exclusiva para apreciação de cláusulas de natureza social.

Comumente, o dissídio coletivo resulta diretamente da frustração de uma negociação coletiva (acordo ou convenção), fruto de ausência de um diálogo frutífero. Nesse caso, se as partes resolverem não eleger árbitros para dirimir o conflito, podem acionar de comum acordo o Poder Judiciário Trabalhista para resolver a questão. Nos dizeres de Enoque Ribeiro dos Santos:

> O dissídio coletivo pode ser definido como uma ação por meio da qual os atores sociais, geralmente os sindicatos da categoria profissional e econômica, discutem uma pauta de reivindicações, envolvendo direitos e interesses abstratos e gerais da categoria, com o objetivo de criar, modificar ou extinguir condições de trabalho e remuneração, com base no princípio da autonomia privada coletiva[76].

O dissídio coletivo é instaurado (competência funcional) no Tribunal Regional do Trabalho ou no Tribunal Superior do Trabalho,

[76] SANTOS, Enoque Ribeiro dos. *O microssistema de tutela coletiva:* parceirização trabalhista. São Paulo: LTr, 2013, p. 184

jamais em uma Vara do Trabalho. Caso o objeto do litígio não ultrapasse a jurisdição de um Tribunal Regional do Trabalho, nele deverá ser instaurado. Porém, se o conflito coletivo ultrapassar a competência territorial de um Tribunal Regional do Trabalho, deverá ser instaurado no Tribunal Superior do Trabalho, considerando os critérios territoriais e funcionais da Lei nº 7.701/1988.

O dissídio coletivo de competência originária no Tribunal Superior do Trabalho, deverá observar os arts. 240 ao 244 do Regimento Interno do Tribunal Superior do Trabalho que dispõe que frustrada, total ou parcialmente, a autocomposição dos interesses coletivos em negociação promovida diretamente pelos interessados ou mediante intermediação administrativa do órgão competente do Ministério do Trabalho, poderá ser ajuizada a ação de dissídio coletivo ou solicitada a mediação do Tribunal Superior do Trabalho.

Na impossibilidade real de encerramento da negociação coletiva em curso antes do termo final a que se refere o art. 616, § 3º, da Consolidação das Leis do Trabalho, a entidade interessada poderá formular protesto judicial em petição escrita, dirigida ao Presidente do Tribunal, a fim de preservar a data-base da categoria.

Deferida a medida acima mencionado, a representação coletiva será ajuizada no prazo máximo de trinta dias úteis, contados da intimação, sob pena de perda da eficácia do protesto. O pedido de mediação do Tribunal, formulado antes da instauração do dissídio coletivo, será dirigido à vice-presidência, que marcará audiência para composição voluntária do conflito. Os dissídios coletivos podem ser: I – de natureza econômica, para a instituição de normas e condições de trabalho; II – de natureza jurídica, para interpretação de cláusulas de sentenças normativas, de instrumentos de negociação coletiva acordos e convenções coletivas, de disposições legais particulares de categoria profissional ou econômica e de atos normativos; III – originários, quando inexistentes ou em vigor normas e condições especiais de trabalho, decretadas em sentença normativa; IV – de revisão, quando destinados a reavaliar normas e condições coletivas de trabalho preexistentes que se tornarem injustas ou ineficazes pela modificação das circunstâncias que as ditaram; V – de declaração sobre a paralisação do trabalho decorrente de greve.

Para julgamento, o processo será incluído em pauta preferencial, se for caso de urgência, sobretudo na ocorrência ou iminência de paralisação do trabalho. Na hipótese de greve em serviços ou atividades essenciais, poderá o Presidente do Tribunal, justificando a urgência, dispensar a inclusão do processo em pauta, convocar sessão para julgamento do dissídio coletivo, notificando as partes, por meio de seus patronos, e cientificando o Ministério Público, tudo com antecedência de, pelo menos, doze horas.

Requerida a homologação de acordo em processo de dissídio coletivo, antes ou depois do julgamento, da apresentação de recursos ou da publicação do acórdão, adotar-se-á o seguinte procedimento: I – o pedido de homologação de acordo será apreciado pelo relator originário ou pelo redator designado para lavrar o acórdão do julgamento já realizado, se for o caso; II – o processo será redistribuído a um dos membros do colegiado, se ausente, por qualquer motivo, o relator; III – o pedido de homologação de acordo será apreciado, independentemente de publicação de pauta, cabendo ao relator apresentar os autos em mesa, na primeira sessão ordinária subsequente à formulação do pedido, ou em sessão extraordinária designada para esse fim, sendo de igual modo dispensada a prévia inclusão em pauta, quando o pedido ingressar antes do julgamento do recurso ordinário.

O acordo judicial homologado no processo de dissídio coletivo, abrangendo a totalidade ou parte das pretensões, tem força de decisão irrecorrível para as partes.

O dissídio coletivo é decidido por um Tribunal Regional do Trabalho ou pelo Tribunal Superior do Trabalho através de uma sentença normativa, efetivando o poder normativo da Justiça do Trabalho, e criando condições de labor através desse comando decisório de normas. De caráter genérico e abstrato, as normas são destinadas a toda a categoria ou grupo de trabalhadores de determinada empresa, com vigência não_superior a quatro anos, *ex vi* parágrafo único do art. 868, da Consolidação das Leis do Trabalho.

No que concerne a esta situação diferenciada, em que são criadas normas por uma sentença, observa Enoque Ribeiro dos Santos:

> Em face de suas peculiaridades, essa sentença normativa é vista pela doutrina como tendo corpo de sentença e alma de lei, já que se insere, de forma *erga omnes*, nos contratos individuais de trabalho das categorias profissionais envolvidas no conflito coletivo. Para expressiva parte da doutrina, o poder normativo dos Tribunais do Trabalho não representa um real e efetivo exercício da função jurisdicional, mas sim o desenvolvimento de uma função legislativa, de forma atípica ou anômala pelo Poder Judiciário, uma vez que por meio dela não se objetiva a aplicação de direito preexistente (direito objetivo) ao caso concreto, ou seja, a subsunção dos fatos à norma jurídica, mas a criação de novas condições de trabalho[77].

---

[77] SANTOS, Enoque Ribeiro dos. *O microssistema de tutela coletiva:* parceirização trabalhista. São Paulo: LTr, 2013, p. 184.

Alcançado o prazo de quatro anos, e não tendo sido realizado nenhum acordo ou convenção coletiva e nem proferida sentença normativa, a norma perde sua validade e eficácia automaticamente, não podendo ser aplicada a Súmula nº 277 do Tribunal Superior do Trabalho, vez que ela se encontra revogada diante do teor do art. 614, § 3º, da Consolidação das Leis do Trabalho. Portanto, após a Reforma Trabalhista a norma coletiva não se torna ultra-ativa, deixando de permanecer eficaz após seu termo final de vigência.

Conforme o art. 859 da Consolidação das Leis do Trabalho, a instauração do dissídio coletivo encontra-se subordinada à aprovação de assembleia, da qual participam os associados interessados na solução do dissídio coletivo, em primeira convocação, por maioria de dois terços ou, em segunda convocação, por dois terços dos presentes.

A Orientação Jurisprudencial nº 8 da Seção Especializada em Dissídios Coletivos do Tribunal Superior do Trabalho estabelece que a ata da assembleia de trabalhadores, que legitima a atuação da entidade sindical em favor dos interesses de uma classe profissional, deve registrar obrigatoriamente a pauta reivindicatória, produto da vontade expressa.

O Tribunal Superior do Trabalho após a Reforma Trabalhista passou a entender que inexiste distinção entre dissídios individuais e coletivos a título de honorários advocatícios sucumbenciais na Justiça do Trabalho e por isso torna-se cabível a condenação do Sindicato em honorários advocatícios de sucumbência em dissídio coletivo que tiver dado causa à instauração do processo[78], mesmo na hipótese de extinção sem resolução de mérito por ausência de comum acordo[79].

---

[78] Tribunal Superior do Trabalho, RO 314-31.2018.5.13.0000. SDC, Rel. Ministra Dora Maria da Costa, DEJT 19/11/2020.

[79] Tribunal Superior do Trabalho, RO 169-77.2018.5.20.0000. SDC, Rel. Ministra Ives Gandra Martins Filho, DEJT 24/06/2021.

O recurso ordinário de sentença normativa, sendo que para ter efeito suspensivo (que é uma praxe a sua concessão, porque a ação de cumprimento pode ser imediata, *ex vi* Súmula 246 do TST), deve ser requerida (não podendo ser concedida de ofício) em petição fundamentada ao Presidente do Tribunal Superior do Trabalho, nos termos do art. 6º da Lei 4.725/1965 e dos arts. 267 e 268 do Regimento Interno do Tribunal Superior do Trabalho, devendo ser instruído com a decisão normativa recorrida; petição de recurso ordinário; prova de sua tempestividade e respectiva decisão de admissibilidade; guia de recolhimento de custas, se houver; procuração conferindo poderes ao subscritor da medida e outras que o recorrente considerar úteis para o exame do requerimento.

Importante destacar na análise do pedido de efeito suspensivo o Presidente do Tribunal Superior do Trabalho analisará o *fumus boni juris* e o *periculum in mora*.

Nos termos da Lei 4.725/1965 o provimento do recurso ordinário de sentença normativa não ensejará na restituição dos salários ou vantagens pagas, em execução do julgado.

6.1 Dissídio coletivo econômico

A competência normativa da Justiça do Trabalho reside verdadeiramente no dissídio coletivo econômico, porquanto é justamente através dele que são criadas normas trabalhistas pelo Tribunal Regional do Trabalho ou pelo Tribunal Superior do Trabalho que serão acopladas em todos os contratos individuais dos trabalhadores da categoria ou empresa.

O dissídio coletivo econômico é fruto de uma negociação coletiva infrutífera, e é utilizado em hipótese abstrata, quando o objeto é a criação de uma norma advinda de reivindicação econômica dos trabalhadores, que estabelecerá novos direitos, tendo como pano de fundo melhores condições objetivas de trabalho com repercussões de fundo material.

Dessa forma, corresponde a uma ação constitutiva, resolvida por meio de sentença normativa, que ensejará (ou não) as novas formas ou condições de trabalho que alcançarão os contratos individuais de trabalho dos substituídos, nos termos do art. 867 da Consolidação das Leis do Trabalho e do art. 220, inciso I, do Regimento Interno do Tribunal Superior do Trabalho.

O dissídio coletivo econômico tem previsão legal no art. 114, § 2º, da Constituição Federal e nos arts. 856 a 875 da Consolidação das Leis do Trabalho, e tem como instância originária um Tribunal Regional do Trabalho ou o Tribunal Superior do Trabalho.

O fator determinante para saber se será Tribunal Regional do Trabalho ou o Tribunal Superior do Trabalho é a magnitude do conflito, porquanto caso ultrapasse a jurisdição de um Tribunal Regional do Trabalho, o dissídio coletivo deverá ser instaurado no Tribunal Superior do Trabalho sendo exigido para tanto o comum acordo entre as partes litigantes – que conforme entendimento jurisprudencial do Tribunal Superior do Trabalho é requisito constitucional para instauração de instância ao dissídio coletivo econômico é requisito de admissibilidade.

A legitimidade ativa para o dissídio coletivo econômico é dos sindicatos, mas em caso de greve em serviço essencial, com possibilidade de lesão do interesse público, o Ministério Público do Trabalho, poderá ajuizar o dissídio coletivo, conforme autorizam os arts. 114, §3º, da Constituição Federal. Destaca-se ainda que havendo risco de suspensão do trabalho, o Presidente do Tribunal Regional do Trabalho ou do Tribunal Superior do Trabalho poderá ajuizar o dissídio coletivo, *ex vi* art. 856 da Consolidação das Leis do Trabalho.

O art. 114, §2º, da Constituição Federal determina a obrigatoriedade do comum acordo das partes suscitantes para sua instauração do dissídio coletivo econômico, o que *"a jurisprudência consagrou como requisito para o ajuizamento do dissídio coletivo"*[80], sob pena de extinção sem resolução do mérito.

Assim, tem-se que o dissídio coletivo econômico apenas pode ser ajuizado quando a negociação coletiva é infrutífera e houver recusa de qualquer das partes à arbitragem. Por isso, a tentativa da negociação coletiva prévia é uma condição específica do dissídio coletivo, uma ação coletiva que exige essa procedimentalização antecedente, sem a qual ausente torna-se o interesse processual.

6.2 Dissídio coletivo de greve

O dissídio coletivo jurídico, conforme art. 220, inciso II, do Regimento Interno do Tribunal Superior do Trabalho, fica caracterizado quando o Tribunal (seja Regional ou Superior) for acionado para fazer a devida *"interpretação de cláusulas de sentenças normativas, de instrumentos de negociação coletiva, acordos e convenções coletivas, de disposições legais particulares de categoria profissional ou econômica e de atos normativos"*[81]. Nos termos da Orientação Jurisprudencial nº 7 da Seção Especializada em Dissídios Coletivos do Tribunal Superior

---

[80] CARVALHO, Augusto César Leite de; ARRUDA, Kátia Magalhães; DELGADO, Mauricio Godinho. A súmula nº 277 e a defesa da constituição. In: ÁVILA Any; RODRIGUES, Douglas Alencar; PEREIRA, José Luciano de Castilho (Orgs.). *O mundo do trabalho:* atualidades, desafios e perspectivas: homenagem ao Ministro Arnaldo Sussekind. São Paulo: LTr, 2014, p. 89.

[81] CARVALHO, Augusto César Leite de; ARRUDA, Kátia Magalhães; DELGADO, Mauricio Godinho. A súmula nº 277 e a defesa da constituição. In: ÁVILA Any; RODRIGUES, Douglas Alencar; PEREIRA, José Luciano de Castilho (Orgs.). *O mundo do trabalho:* atualidades, desafios e perspectivas: homenagem ao Ministro Arnaldo Sussekind. São Paulo: LTr, 2014, p. 89.

do Trabalho, não é cabível dissídio coletivo jurídico para interpretação de norma legal de caráter geral para toda a classe trabalhadora.

Quanto ao dissídio coletivo de greve, previsto no art. 220, inciso V, do Regimento Interno do Tribunal Superior do Trabalho, sua ocorrência se dá quando o litígio envolve a *"declaração sobre a paralisação do trabalho decorrente de greve"* [82]. Ou seja, esse dissídio deriva da paralisação do trabalho, podendo possuir natureza declaratória, quando seu objeto é a abusividade ou não do movimento paredista; ou mista, quando o Tribunal analisa e julga as pretensões objeto da pauta de reivindicações – neste caso, ao mesmo tempo declara-se a abusividade ou não da greve, constituindo-se (ou não) novas cláusulas contratuais.

6.3 Dissídio coletivo revisional

O dissídio coletivo revisional, encontrado no art. 220, inciso IV, do Regimento Interno do Tribunal Superior do Trabalho, tem como objetivo *"reavaliar normas e condições coletivas de trabalho preexistentes, que tenham se tornado injustas ou ineficazes pela modificação das circunstâncias que as ditaram"* [83]. Em síntese, o Tribunal é acionado para fazer a revisão de uma cláusula normativa ou convencional já existente.

[82] CARVALHO, Augusto César Leite de; ARRUDA, Kátia Magalhães; DELGADO, Mauricio Godinho. A súmula n° 277 e a defesa da constituição. In: ÁVILA Any; RODRIGUES, Douglas Alencar; PEREIRA, José Luciano de Castilho (Orgs.). *O mundo do trabalho:* atualidades, desafios e perspectivas: homenagem ao Ministro Arnaldo Sussekind. São Paulo: LTr, 2014, p. 89.

[83] CARVALHO, Augusto César Leite de; ARRUDA, Kátia Magalhães; DELGADO, Mauricio Godinho. A súmula n° 277 e a defesa da constituição. In: ÁVILA Any; RODRIGUES, Douglas Alencar; PEREIRA, José Luciano de Castilho (Orgs.). *O mundo do trabalho:* atualidades, desafios e perspectivas: homenagem ao Ministro Arnaldo Sussekind. São Paulo: LTr, 2014, p. 89.

6.4 Dissídio coletivo originário

Por último, o dissídio coletivo originário, normatizado no art. 220, inciso III, do Regimento Interno do Tribunal Superior do Trabalho é caracterizado "*quando inexistentes ou em vigor normas e condições especiais de trabalho, decretadas em sentença normativa*" [84]. Esse dissídio tem como objeto criar normas e condições especiais de trabalho que merecem atenção especial, em razão de sua condição distinta, e que até aquele momento não foram regulamentadas.

Quando uma empresa e um sindicato, via acordo coletivo, ou dois sindicatos, por meio de convenção coletiva, estiverem negociando previamente os termos de uma dispensa coletiva ou a redução de jornada para evitar uma dispensa coletiva que irá atingir um grupo (setor, área ou filial de uma empresa) ou toda a categoria de trabalhadores (atingindo assim toda empresa), e nessa negociação não houver um denominador comum, poderá ser ajuizado dissídio coletivo de natureza econômica, para que um Tribunal Regional do Trabalho ou o Tribunal Superior do Trabalho resolva o impasse e crie normas para o deslinde do conflito coletivo. Nesse caso, destaca-se que obrigatoriamente será necessário o comum acordo, muito embora exista uma corrente minoritária que entende que o comum acordo não seja obrigatório por violar o livre acesso ao Poder Judiciário – art. 5º, XXXV, da Constituição Federal, requisito que, inobservado, impõe a extinção processual sem resolução do mérito, devendo a parte interessada lançar mão de outra técnica processual, como a ação civil pública ou a ação civil coletiva.

---

[84] CARVALHO, Augusto César Leite de; ARRUDA, Kátia Magalhães; DELGADO, Mauricio Godinho. A súmula nº 277 e a defesa da constituição. In: ÁVILA Any; RODRIGUES, Douglas Alencar; PEREIRA, José Luciano de Castilho (Orgs.). *O mundo do trabalho:* atualidades, desafios e perspectivas: homenagem ao Ministro Arnaldo Sussekind. São Paulo: LTr, 2014, p. 89.

Entende-se que somente seria cabível o ajuizamento de dissídio coletivo originário para analisar a validade de uma dispensa coletiva, se os sindicatos ou o sindicato e a empresa estivessem negociando previamente a dispensa ou os seus termos e, no decorrer dessa negociação, surgisse um entrave, tornando, assim, crucial a participação de um Tribunal. Nesse caso, seriam demonstrados os termos que vinham sendo discutidos e elaborados, não sendo necessário, portanto, qualquer produção de prova e tampouco o contato próximo entre magistrado e partes.

6.5 Dissídio coletivo jurídico

O dissídio coletivo jurídico é fruto de uma negociação coletiva infrutífera, e é utilizado em hipótese abstrata, quando o objeto é a criação de uma norma e conforme entendimento pacificado pelo Tribunal Superior do Trabalho ele não pode ser utilizado para intepretação de norma legal, mas tão somente convencional. É o que se extrai da Orientação Jurisprudencial nº 7 da Seção de Dissídios Coletivos.

O dissídio coletivo jurídico, encontra previsão legal os arts. 856 a 875 da Consolidação das Leis do Trabalho, e tem como instância originária um Tribunal Regional do Trabalho ou o Tribunal Superior do Trabalho. O fator determinante para saber se será este ou aquele Tribunal, será a magnitude do conflito, porquanto caso ultrapasse a jurisdição de um Tribunal Regional do Trabalho, o dissídio coletivo deverá ser instaurado no Tribunal Superior do Trabalho.

A legitimidade ativa para o dissídio coletivo jurídico é dos Sindicatos, mas havendo risco de suspensão do trabalho, o Presidente do Tribunal Regional do Trabalho ou do Tribunal Superior do Trabalho poderá ajuizar o dissídio coletivo, *ex vi* art. 856 da Consolidação das Leis do Trabalho.

O dissídio coletivo é resolvido pelo Tribunal Regional do Trabalho ou pelo Tribunal Superior do Trabalho através de uma sentença normativa, que poderá ter prazo máximo de quatro anos, conforme parágrafo único do art. 468 da Consolidação das Leis do Trabalho, e através dela serão criadas normas que serão acopladas aos contratos individuais dos trabalhadores substituídos. É neste bojo que emerge o poder normativo da Justiça do Trabalho.

Através do dissídio coletivo jurídico o Poder Judiciário resolve um conflito coletivo advindo de uma cizânia na interpretação de uma norma convencional e a interpretação feita pelo Tribunal Regional do Trabalho ou pelo Tribunal Superior do Trabalho terá força de norma e incidirá em todos os contratos individuais dos trabalhadores da categoria ou empresa.

IMPEDIMENTO E SUSPEIÇÃO DO MAGISTRADO

7.1 Aspectos gerais

A Consolidação das Leis do Trabalho permite no art. 799 que o reclamado apresente três tipos de exceções, sendo elas: 1) suspeição, 2) impedimento e 3) incompetência.

Importante destacar que o reclamante poderá apresentar as exceções de suspeição e de impedimento, sendo que tanto o reclamante como o reclamado devem apresentar sua respectiva exceção na primeira oportunidade que tiver para se manifestar nos autos, sob pena de preclusão, nos termos do art. 795 da Consolidação das Leis do Trabalho. Tratando-se de matéria de ordem pública, é permitido a parte apresentar sua exceção a qualquer tempo, inclusive após o trânsito em julgado, através de ação rescisória, *ex vi* art. 966, II, do Código de Processo Civil.

As exceções não significam uma ação incidental, mas sim um incidente processual, sendo analisada dentro dos próprios autos da demanda principal, garantido as partes que o processo será analisado e julgado por um juiz imparcial e por uma Vara competente.

As duas primeiras destinam-se à pessoa do magistrado que está analisando para julgar o feito e a terceira ao juízo. Em todas as três exceções o que a parte interessada almeja é a efetivação dos princípios constitucionais do devido processo legal, do juiz natural e da imparcialidade.

As três exceções, nos termos do art. 799, *caput*, da Consolidação das Leis do Trabalho possuem o condão de suspender o andamento do feito, vez que somente um juiz imparcial e uma Vara competente podem analisar e julgar o feito. Enquanto a exceção apresentada não for julgada o mérito da demanda não será analisado.

Importante destacar que as três espécies de exceção devem ser apresentadas em peças separadas da contestação.

Os motivos de suspeição e de impedimento, conforme art. 148 do Código de Processo Civil também são aplicados aos membros do Ministério Público, aos auxiliares da Justiça e aos demais os sujeitos imparciais do processo, porém, nestes casos, o incidente não ensejará a suspensão do processo, *ex vi* art. 148, § 2º, do Código de Processo Civil, ouvindo o arguido no prazo de quinze dias e facultado a produção de prova, quando necessária.

Na hipótese de serem apresentadas as três exceções, deverão ser analisadas e julgadas a partir da seguinte ordem cronológica: 1) impedimento; 2) suspeição e 3) incompetência relativa.

A decisão que resolve as exceções são decisões interlocutórias, e conforme art. 893, §1º, da Consolidação das Leis do Trabalho, são irrecorríveis imediatamente, não comportando recurso de imediato, salvo quando terminativa do feito, *ex vi* art. 799, da Consolidação das Leis do Trabalho e, também nos termos da Súmula nº 214, *c*, do Tribunal Superior do Trabalho.

Muito embora o art. 799 mencione e o art. 801 da Consolidação das Leis do Trabalho arrole das hipóteses de suspeição, quando interpretados conjuntamente com os arts. 144 e 145 do Código de Processo Civil, através dos princípios da subsidiariedade e da supletividade, tornam a terminologia suspeição em um gênero, formado pela própria suspeição e pelo impedimento, porquanto o art. 801 da Consolidação da Leis do Trabalho mescla hipóteses de suspeição e de impedimento nas suas alíneas e o art. 799 da Consolidação da Leis do Trabalho estabelece o mesmo procedimento utilizado nas duas hipóteses.

7.2 Procedimento

Apresentada a exceção de suspeição e/ou de impedimento, o juiz ou o Tribunal designará audiência dentro de 48 horas, para instrução e julgamento. Julgada procedente a exceção, será logo convocado para a mesma audiência ou sessão, ou para a seguinte, o suplente do membro suspeito, o qual continuará a funcionar no feito até decisão final. Tratando-se de juiz de direito, será esse substituído na forma da organização judiciária local.

Tendo em vista que a Emenda Constitucional nº 24/1999 extinguiu os juízes classistas, os conflitos trabalhistas passaram a ser julgados pelo juiz trabalhista de carreira. Assim, evitando que o próprio juiz suspeito ou impedido julgasse a exceção, o Tribunal Superior do Trabalho através dos arts. 20 e 21 da Consolidação dos Provimentos da Corregedoria-Geral da Justiça do Trabalho, estabelecendo que o art. 146 do Código de Processo Civil seja aplicado nas exceções de suspeição e impedimento.

O art. 146 do Código de Processo Civil estabelece o seguinte procedimento: no prazo de 15 dias, a contar do conhecimento do fato, a parte alegará o impedimento ou a suspeição, em petição específica dirigida ao juiz do processo, na qual indicará o fundamento da recusa, podendo instruí-la com documentos em que se fundar a alegação e com rol de testemunhas. Caso reconheça o impedimento ou a suspeição ao receber a petição, o juiz ordenará imediatamente a remessa dos autos a seu substituto legal, caso contrário, determinará a autuação em apartado da petição e, no prazo de quinze dias, apresentará suas razões, acompanhadas de documentos e de rol de testemunhas, se houver, ordenando a remessa do incidente ao tribunal. Distribuído o incidente, o relator deverá declarar os seus efeitos, sendo que, se o incidente for recebido: I – sem efeito suspensivo, o processo voltará a correr; II – com efeito suspensivo, o processo permanecerá suspenso até o julgamento do incidente. Enquanto não for declarado o efeito em que é recebido o incidente ou quando este for recebido com efeito suspensivo, a tutela de urgência será requerida ao substituto legal; sendo que verificando que a alegação de impedimento ou de suspeição é improcedente, o tribunal rejeitá-la-á. Acolhida a alegação, tratando-se de impedimento ou de manifesta suspeição, o tribunal condenará o juiz nas custas e remeterá os autos ao seu substituto legal, podendo o juiz recorrer da decisão. Reconhecido o impedimento ou a suspeição, o tribunal fixará o momento a partir do qual o juiz não poderia ter atuado. O Tribunal decretará a nulidade dos atos do juiz, se praticados quando já presente o motivo de impedimento ou de suspeição.

7.3 Do impedimento

O impedimento, com previsão no artigo 144 do Código de Processo Civil, estabelece que ao magistrado é vedado exercer suas funções no processo, sendo aplicável no Processo do Trabalho, com aplicação subsidiária tendo em vista a completa omissão celetista.

São hipóteses de impedimento, sendo vedado ao juiz a atuação em processo: I – em que interveio como mandatário da parte, oficiou como perito, funcionou como membro do Ministério Público ou prestou depoimento como testemunha; II – de que conheceu em outro grau de jurisdição, tendo proferido decisão; III – quando nele estiver postulando, como defensor público, advogado ou membro do Ministério Público, seu cônjuge ou companheiro, ou qualquer parente, consanguíneo ou afim, em linha reta ou colateral, até o terceiro grau, inclusive; IV – quando for parte no processo ele próprio, seu cônjuge ou companheiro, ou parente, consanguíneo ou afim, em linha reta ou colateral, até o terceiro grau, inclusive; V – quando for sócio ou membro de direção ou de administração de pessoa jurídica parte no processo; VI – quando for herdeiro presuntivo, donatário ou empregador de qualquer das partes; VII – em que figure como parte instituição de ensino com a qual tenha relação de emprego ou decorrente de contrato de prestação de serviços; VIII – em que figure como parte cliente do escritório de advocacia de seu cônjuge, companheiro ou parente, consanguíneo ou afim, em linha reta ou colateral, até o terceiro grau, inclusive, mesmo que patrocinado por advogado de outro escritório; e IX – quando promover ação contra a parte ou seu advogado.

Quando dois ou mais juízes forem parentes, consanguíneos ou afins, em linha reta ou colateral, até o terceiro grau, inclusive, o primeiro que conhecer do processo impede que o outro nele atue, caso em que o segundo se escusará, remetendo os autos ao seu substituto legal.

Na hipótese do inciso III, o impedimento só se verifica quando o defensor público, o advogado ou o membro do Ministério Público já integrava o processo antes do início da atividade judicante do juiz.

É vedada a criação de fato superveniente a fim de caracterizar impedimento do juiz.

O impedimento previsto no inciso III também se verifica no caso de mandato conferido a membro de escritório de advocacia que tenha em seus quadros advogado que individualmente ostente a condição nele prevista, mesmo que não intervenha diretamente no processo.

O processo civil atribui uma maior gravidade aos casos de impedimento quando comparados aos de suspeição, porquanto que traz como consequência a proibição do juiz atuar no processo.

Os atos praticados pelo magistrado impedido são nulos, e caberá ação rescisória contra decisão proferida pelo magistrado impedido, conforme art. 966, II, do Código de Processo Civil.

7.4 Da suspeição

O art. 145 do Código de Processo Civil, estabelece que o juiz é suspeito quando: I – amigo íntimo ou inimigo de qualquer das partes ou de seus advogados; II – que receber presentes de pessoas que tiverem interesse na causa antes ou depois de iniciado o processo, que aconselhar alguma das partes acerca do objeto da causa ou que subministrar meios para atender às despesas do litígio; III – quando qualquer das partes for sua credora ou devedora, de seu cônjuge ou companheiro ou de parentes destes, em linha reta até o terceiro grau, inclusive; IV – interessado no julgamento do processo em favor de qualquer das partes.

O juiz poderá declarar-se suspeito por motivo de foro íntimo, sem necessidade de declarar suas razões.

Será ilegítima a alegação de suspeição quando: I – houver sido provocada por quem a alega; II – a parte que a alega houver praticado ato que signifique manifesta aceitação do arguido.

A jurisprudência do Tribunal Superior do Trabalho é pacífica no entendimento de que a suspeição é passível de convalidação, vez que é matéria de nulidade relativa, decidindo que a imparcialidade dos magistrados que integram os colegiados em Tribunais consiste em garantia constitucional, sendo decorrente do princípio do devido processo legal e, mais especificamente, do princípio juiz natural. Neste contexto, o magistrado deve dar-se por suspeito sempre que presente a hipótese do art. 145, sendo lícito ainda declarar-se suspeito por motivo íntimo. Inobstante a suspeição seja matéria que deva ser alegada de ofício pelo magistrado, a parte deverá apresentação exceção no prazo previsto em lei ou, não havendo, na primeira oportunidade que tiver de falar nos autos, sob pena de convalidação através da preclusão, prevista nos arts. 278 do Código de Processo Civil e 795 da Consolidação das Leis do Trabalho.

Se o recusante houver praticado algum ato pelo qual haja consentido na pessoa do juiz, não mais poderá alegar exceção de suspeição, salvo sobrevindo novo motivo. A suspeição não será também admitida, se do processo constar que o recusante deixou de alegá-la anteriormente, quando já a conhecia, ou que, depois de conhecida, aceitou o juiz recusado ou, finalmente, se procurou de propósito o motivo de que ela se originou.

REFERÊNCIAS

BUENO, Cassio Scarpinella. **Manual de Direito Processual Civil**: volume único. 5. ed. São Paulo: Saraiva, 2019.

CARVALHO, Augusto César Leite de; ARRUDA, Kátia Magalhães; DELGADO, Mauricio Godinho. A súmula nº 277 e a defesa da constituição. In: ÁVILA Any; RODRIGUES, Douglas Alencar; PEREIRA, José Luciano de Castilho (Orgs.). O **mundo do trabalho**: atualidades, desafios e perspectivas: homenagem ao Ministro Arnaldo Sussekind. São Paulo: LTr, 2014.

CHIOVENDA, Giuseppe. **Instituições de Direito Processual Civil**, V. II, 3. ed. Campinas: Bookseller, 2002.

DIDIER JR, Fredie. **Curso de Direito Processual Civil**: introdução ao direito processual civil, parte geral e processo de conhecimento. 20. ed. Salvador: Ed. JusPodivm, 2018.

MARANHÃO, Délio; In SUSSEKIND, Arnaldo; MARANHÃO, Délio; VIANNA, Segadas; TEIXEIRA, Lima. **Instituições de Direito do Trabalho**. 21. ed. São Paulo: LTr, 2003.

MARINONI, Luiz Guilherme; ARENHART, Sérgio Cruz; MITIDIERO, Daniel. **Novo curso de processo civil**: tutela dos direitos mediante procedimento comum: volume II. São Paulo: Editora Revista dos Tribunais, 2015.

MEDINA, José Miguel Garcia. **Curso de Direito Processual Civil Moderno**. 4. ed. rev., atual. e ampl. São Paulo: Editora Revista dos Tribunais, 2018.

NEVES, Daniel Amorim Assumpção. **Manual de Direito Processual Civil**: volume único. 10. ed. Salvador: Ed. JusPodivm, 2018.

NUNES, Victória de Oliveira; ROCHA, Cláudio Iannotti da. As Parcerias Público-Privadas no Sistema Prisional e a Garantia de Trabalho Digno ao Apenado. **Revista Magister de Direito Penal e Processo Penal**, XVIII, nº 105, 2022.

OLIVEIRA, Sebastião Geraldo de. **Indenizações Por Acidentes de Trabalho ou Doença Ocupacional**. 4. ed. São Paulo: LTr. 2008.

PIMENTA, José Roberto Freire. Tutela Metaindividual dos direitos trabalhistas: uma exigência constitucional. In: PIMENTA, José Roberto Freire; BARROS, Julaiana Augusta Medeiros de; FERNANDES, Nadia Soragi (Coords). **Tutela Metaindividual Trabalhista**: a defesa coletiva dos direitos dos trabalhadores em juízo. São Paulo: 2009.

PIMENTA, José Roberto Freire; PEREIRA, Ricardo José Macedo de Britto; ROCHA, Cláudio Iannotti da. A extensão territorial da sentença na ação civil pública: evolução da jurisprudência do supremo tribunal federal até a pronúncia da inconstitucionalidade do artigo 16 da lei 7.347/1985. In **Coleção Direito Material e Processual do Trabalho Constitucionalizados**: processo coletivo do trabalho – vol. 4. São Paulo: LEX; OAB Nacional, 2021.

ROCHA, Cláudio Iannotti da; SILVA, Thaís Borges da. O princípio da competência adequada e o processo coletivo. In: NETO, Alberto Nemer; ROCHA, Cláudio Iannotti da; FILHO, José Carlos Rizk; PIMENTA, José Roberto Freire; PEREIRA, Ricardo José Macedo de Britto. **Coleção Direito Material e Processual do Trabalho Constitucionalizados**: processo coletivo do trabalho – vol. 4. São Paulo: LEX; OAB Nacional, 2021.

SANTOS, Enoque Ribeiro dos. O **microssistema de tutela coletiva**: parceirização trabalhista. São Paulo: LTr, 2013.

SARLET, Ingo Wolfgang; FENSTERSEIFER, Tiago. Estado Socioambiental e Mínimo Existencial (ecológico?): algumas aproximações. In: FELICIANO, Guilherme Guimarães; SARLET, Ingo Wolfgang; MARANHÃO, Ney; FENSTERSEIFER, Tiago. **Direito Ambiental do Trabalho**: apontamentos para uma teoria geral. São Paulo: LTr, 2020.

SCHIAVI, Mauro. **Manual de Direito Processual do Trabalho**. 10. ed. São Paulo: LTr, 2016.